From the library of

SOPHENE

First published by Sophene 2022

The *History of the Nation of Archers* by Grigor Aknerts'i was translated into English by Robert Bedrosian in 2003.

A searchable, digital copy of the English translation can be accessed at:

https://archive.org/details/GrigorAknertsisHistoryOfTheNationOfArchersmongols

www.sophenebooks.com
www.sophenearmenianlibrary.com

ISBN-13: 978-1-925937-52-7

ԳՐԻԳՈՐ ԱԿՆԵՐՑԻՈՅ

ՊԱՏՄՈՒԹԻՒՆ ԱԶԳԻՆ ՆԵՏՈՂԱՑ

ՏՊԱՐԱՆ
ԾՈՓՔ
Լոս Անճելըս

GRIGOR AKNERTS'I

History

of the

Nation of Archers

IN CLASSICAL ARMENIAN
WITH AN ENGLISH TRANSLATION BY
ROBERT BEDROSIAN

SOPHENE BOOKS
LOS ANGELES

GLOSSARY

Arghuch (*արղուչ*), a Mongol judge.

Asparapet (*ասպարապետ*), an Armenian title for the commander-in-chief of the army.

Atabeg (*Աթաբակ*), a Mongol male noble.

Ba[g]hatur (*Բահադուր*), a Mongol title of honor.

Dawt'ar (*դաւթար*), a Mongol word for a record.

Duman [tümen] (*դուման*), a Mongol unit of 10,000.

Ghp'ch'ur (*ղփչուր*), a type of Mongol tax.

K'ēsikt'oyk' (*Քէսիկթոյք*), armed guards.

Khayan [Khan] (*Խայան*), a Mongol ruler and military leader.

Khanate (*ղանութիւն*), a country, state or territory ruled by a khan.

Khatun (*խաթուն*), a female noble; the wife of a Khan.

Kurultai (*խուռուլթայ*), an assembly of Mongol khans and chiefs.

Mal (*մալ*), a type of Mongol tax.

Noyan (*նուին*), a Mongol military leader within a khanate.

Paiza (*փայիզայս*), a Mongol tablet bearing privileges.

T'aghar (*թաղար*), a type of Mongol tax.

Tzghu (*տզղու*), a type of Mongol tax.

Yasaq (*իասախ, յասախ, ասախ*), the Mongol law code.

TRANSLATOR'S PREFACE

Very little is known about the author of this work which treats the forty-four year period from 1229/30 to 1273. He is presumed to have been born in Cilicia around 1250, and his death has been placed around 1335. Nothing is known about his parents, although by his own testimony Grigor did have a brother, Mxit'ar, who had died by the time Grigor completed his work. A colophon dated 1312/13 speaks of Grigor as the abbot of Akner monastery in Cilicia, a noted center of medieval Armenian scholarship. The most detailed secondary sources on Aknerts'i are those of father Nerse's Akinean in the journal *Hande's Amso'reay*.[1,2] More accessible is the introduction to the English translation of the *History of the Nation of Archers* made by Robert Blake and Richard Frye which appeared in the *Harvard Journal of Asiatic Studies*.[3]

The *History of the Nation of Archers* (hereafter, *HNA*) differs from the works of other Armenian historians of the Mongol period. First, as the product of a Cilician author in his early 20's when the work was completed in 1273, this history lacks the immediacy found in the compilations of eastern Armenian eye-witnesses to the Mongol conquest and domination, such as those of the well-educated and polished churchmen Kirakos Gandzakets'i, Vardan Arewelts'i, and Step'annos O'rbelean. This circumstance probably accounts for some of the chronological inaccuracies committed by Grigor in the early portion of his work. For example, Grigor incorrectly dates the first appearance of the Mongols in the Caucasus to 1214, years earlier than other historians; the defeat of Ghiyath al-Din in 1244 is recorded as occurring in 1239; Arghhun's census of 1253/54 is consigned to 1251/52 by Grigor. For the post-1249 period, however, Grigor is generally accurate. A second difference between Grigor's work and the histories of Kirakos, Vardan, and

TRANSLATOR'S PREFACE

Step'annos concerns the scope of his undertaking. Aknerts'i wrote a relatively short history of a forty-four year period. Far from being a universal history of the Armenians, the author focused on but two principal areas, Greater Armenia and Cilicia in the thirteenth century, devoting considerable space to the latter. A third important difference is that Grigor, clearly, was not a well-educated or deep individual. His occasional lapses into fantasy compromise the credibility of other information for which he is our only source. Despite its limitations, the *HNA* remains a valuable source for thirteenth century Armenian and Mongol studies.

What were Aknerts'i's sources of information? Fr. Akinean observed a number of them. Apparently among the most important were oral accounts of events provided by Armenian visitors to Akner monastery such as Dawit' Bjnets'i, Kirakos Getikts'i, and king Het'um I, people who either were from the East, or had traveled there. One informant, in Akinean's opinion, had been a student of Vanakan *vardapet*.[a] It was from such informed individuals that Grigor learned the meanings of the large number of Mongolian military and juridical terms which he incorporated into the *History*. Akinean also detected a few written sources, including the Bible, a commentary on the Names of the Hebrews, the *Chronography* of Michael the Syrian, and the lengthy colophon of Vardan Arewelts'i (1246) providing a legendary genealogy of the Mongols, which Grigor incorporated into his own work with few alterations. It is also possible, as Akinean and Blake suggested, that Grigor may have had access to Vanakan's now-lost history.

The *HNA* is contained in manuscript 32 housed at the Library of the Monastery of St. James in Jerusalem. Manuscript 32 commences with the Armenian translation of the *Chronography*

---

a *Vardapet*: a doctor of the Armenian church.

of Michael the Syrian (done by Vardan Arewelts'i in 1246) which concludes with the events of 1195. The *Chronography* is followed by a continuation made by the same translator or some other person which briefly comments on the period 1216-1229. This section is succeeded by a colophon of the copyist Grigor Aknerts'i, which states that the latter completed his copy of the above portions in 1273, and then adds: "by the grace of God we too shall write what is lacking from it for forty-four years". This is followed immediately by Grigor's *HNA* which the author apparently saw as a continuation of the chronologies he had been copying. At the end of the *History*, Grigor stated: "In the year 720 of the Armenian era (A.D. 1271/72) these chronographies were written by the command of the blessed, glorious father Step'annos of this retreat of Akants' with the consent of Vardan, warden of the holy retreat, and of the entire brotherhood of priests and clerics, by the hand of the miserable scribe Grigor, servant of the Word..." All publications of the Armenian text and all translations of it prior to the issuance of Blake's text and English translation have incorrectly named a certain *vardapet* Maghakia as the author. Two scholars, Zhamkoch'yan[4] and Akinean[1,2], independently established Grigor of Akner as the true writer. Maghakia, it was revealed, was none other than the 17th century *vardapet* Maghakia T'oxat'ets'i who had recopied Grigor's work and whose own colophon gave rise to this confusion.

The Armenian text of the *HNA* first was published in 1870 at Jerusalem based on the oldest extant manuscript[b] dated 1271, and another manuscript dated 1602.[c] Also in 1870, Patkanean published the Armenian text in St. Petersburg based on a Venice manuscript of 1624.[5] The following year Patkanean published a Russian

---
b manuscript 32 of the Patriarchal Library of St. James, Jerusalem.
c *Nshxark' hay matenagrut'ean patmut'iwn T'at'arats' Vardani patmich' haneal i dzer'agir orinakats'* ("Fragments of Armenian Literature: Vardan the Historian's History of the T'at'ars"), printed from manuscript copies (Jerusalem, 1870).

TRANSLATOR'S PREFACE

translation.[6] The *History* previously had been translated into French by Brosset in 1851 [based on the Venice manuscript dated 1624].[7]

The Armenian text, compared with all previous editions and accompanied by an English translation made by Robert Blake and Richard Frye in 1949, was printed in the *Harvard Journal of Asiatic Studies*[3]. Appearing in the same journal was Francis Woodman Cleaves' important article.[8] Subsequently, in 1954, Blake's text and translation and Cleaves' article were reprinted together in book form.[9] Blake's translation, without a doubt a great contribution to Armenian and Mongol studies, nonetheless has a sufficient number of inaccuracies to warrant a retranslation. Some of these inaccuracies are due to typographical errors, others to the scholar's unfamiliarity with certain conventions in Classical Armenian and with Armenian place names. The most serious of these mistakes have been identified in Akinean's review of the publication. Here are three noteworthy examples among many:

Blake: zMtsbnay berd "the citadel of Nisibis" (ch.3, p.297).
Should read: zMatsnaberd (Matsnaberd, a fortress near Gandzak).

Blake: zNorberdn, "the new fortress" (ch.3, p.297).
Should read: zNorberdn (Norberd, a fortress near Tawush).

Blake: yurdgahs, "royal tent" (ch. 6, p. 313).
Should Read: yurdgahs (ordugah, "camp").

The present translation was made from the Classical Armenian text issued by Blake and Fry in 1949, and incorporates Akinean's corrections.

For a detailed study of the Mongol invasions see volume five of the *Cambridge History of Iran*; for eastern Armenia in particular, see

Bedrosian.[10] For Cilicia see Der Nersessian,[11] and Bournoutian.[12] Additional bibliography is available in Toumanoff.[13] The maps and accompanying text in Hewsen[14] are also valuable. Other Cilician sources of relevance to this period are Smbat Sparapet's *Chronicle*[15] and Het'um the Historian's *History of the Tartars* ["The Flower of Histories of the East"].[16]

The transliteration used here is a modification of the new Library of Congress system for Armenian, substituting **x** for the LOC's **kh**, for the thirteenth character of the Armenian alphabet (*խ*). Otherwise we follow the LOC transliteration, which eliminates diacritical marks above or below a character, and substitutes single or double quotation marks to the character's right. In the LOC romanization, the seventh character of the alphabet (*է*) appears as **e'**, the eighth (*ը*) as **e"**, the twenty-eighth (*ռ*) as **r'**, and the thirty-eighth (*օ*), as **o'**.

Robert Bedrosian
Long Branch, New Jersey, 2003

TRANSLATOR'S PREFACE

BIBLIOGRAPHY

1. Akinean, N. (1948). Grigor k'ahanay Aknerts'i patmagir T'at'arats' Patmut'ean 1250-1335 [Grigor the Priest of Akner, Historian of the History of the T'at'ars 1250-1335]. *Hande's Amso'reay, 7-8,* 387-403.
2. Akinean, N. (1948). Akants' kam Akneri vank'e" [The Monastery of Akants' or Akner]. *Hande's Amso'reay, 3-6,* 217-250.
3. Blake, R. P. & Frye, R. N. (1949). History of the Nation of the Archers (The Mongols) by Grigor of Akanc, hitherto ascribed to Malakia the Monk: The Armenian text edition with an English translation and notes. *Harvard Journal of Asiatic Studies, 12,* 269-399.
4. Zhamkoch'yan, H. (1946). The author of the work History of the Nation of the Archers. *Scholarly Works of the State University of Erevan, 23,* 367-368.
5. Patkanean, K. (1870). *Maghak'ia Abeghayi patmut'iwn vasn azgin netoghats'* [Maghak'ia the Monk's History of the Nation of the Archers, Armenian Edition]. St Petersburg.
6. Patkanean, K. (1871). *Istoriia Mongolov inoka Magakii* [Maghak'ia the Monk's History of the Mongols, Russian Translation]. St Petersburg.
7. Brosset, M. (1851). Ouvrage de Malakia-Abegha, ou Malakia-le-Moine. In M. Brosset (Ed.), *Additions et éclaircissements à l'Histoire de la Géorgie* (pp. 438-467). St Petersburg.
8. Cleaves, F. W. (1949). The Mongolian names and terms in the History of the Nation of the Archers by Grigor of Akanc. *Harvard Journal of Asiatic Studies, 12,* 400-443.
9. Blake, R. P., Frye, R. N., & Cleaves, F. W. (1954). *History of the Nation of Archers (the Mongols) by Grigor of Akants'.* Harvard University Press.
10. Bedrosian, R. (1979). *The Turco-Mongol invasions and the lords of Armenia in the 13-14th centuries.* Columbia University, New York, NY.
11. Der Nersessian, S. (1969). The Kingdom of Cilician Armenia. In K. M. Setton & R. L. Wolff (Eds.) *History of the Crusades, Volume II: The Later Crusades, 1189-1311* (pp. 630-659). University of Wisconsin Press.
12. Bournoutian, A. A. (1997). Cilician Armenia. In R. G. Hovannisian (Ed.), *The Armenian People from Ancient to Modern Times, Volume I* (pp. 273-291). St Martin Press.
13. Toumanoff, C. (1966). Armenia and Georgia. In J. M. Hussey (Ed.) *The Cambridge Medieval History, Volume IV* (pp. 593-637). Cambridge University Press.
14. Hewsen, H. (2001). *Armenia: A Historical Atlas* (pp. 136-141). University of Chicago.
15. Berosian, R. (2020). *Smbat Sparapet's Chronicle.* Sophene.
16. Bedrosian, R. (2021). *History of the Tartars [The Flower of the Histories of the East].* Sophene.

GRIGOR AKNERTS'I'S
HISTORY OF THE NATION OF ARCHERS

Ա

Վասն ազգին նետողաց թէ ուստի՞ կամ յորմէ՞ ցեղէ աճեցին եւ տիրեցին բազում աշխարհաց եւ գաւառաց:

Յետ ելանելոյ աստուածաստեղծ մարդոյն Ադամայ ի դրախտէն, եւ պատուիրելոյ տեառն Աստուծոյ քրտնաջան աշխատութեամբ ուտել զհաց զամենայն աւուրս իւր, յաղագս խաբման կնոջն եւ դավաճանութեան պեղծ օձին, վասն մոռանալոյ զգեղեցիկ պատուիրանն Աստուծոյ. եւ ապա յայնմ հետէ կարօտացաւ բնութիւն մարդոյն հեշտութեան եւ մարմնական զբաղման: Իսկ բանսարկուն սատանայ վասն չար նախանձուն իւրոյ՝ հանապազ ուսուցանէր զմարդիկ գործել զանարժանս. որպէս Կայենի զեղբայրասպանութիւնն, եւ անօրէն հսկայիցն՝ զյօրանալն ի մեղս եւ ուտել զմեռելոտիսն:

Եւ զայս տեսեալ արարիչն բարկացեալ վասն չար գործոց մարդկանն՝ ջրհեղեղաւ կորոյս զամենեսեան, պահելով սերմն մարդկութեանս զերանելի արդարն զՆոյ: Ուստի յետ Ժ ծննդոցն Նոյի արդարոյ, ծնաւ հայրն հաւատոյ որդին Թարայի, մեծն Աբրահամ, որ հայր վերամբարձ անուանեցաւ. վասն զի ի սմանէ սերացան բազում ազգք եւ ազինք, յաղագս օրհնութեանն մեծին Աստուծոյ որ ասացաւ նմա. «բազմանալ զաւակի նորա իբրեւ զաստեղս երկնից եւ որպէս զաւազ առ ափն ծովու»: Ուստի եւ կատարեցաւն իսկ:

I

CONCERNING THE NATION OF ARCHERS, WHERE THEY CAME FROM OR FROM WHOM THEY AROSE, AND HOW THEY CAME TO RULE OVER MANY LANDS AND DISTRICTS.

After the expulsion from paradise of Adam, the man created by God; and after the command of the lord God [that Adam] for all the days of his life should eat bread [produced] through the sweat of labor—because of the deceit of woman and the treachery of the vile snake, and all this for forgetting God's beautiful command—the nature of man was eager to occupy itself with the physical pleasures of the body. Meanwhile the slanderer Satan, because of his wicked envy, was ever teaching mankind to work iniquities, such as Cain's fratricide, and the impious giants to create new sins, and to eat carrion.

When the Creator saw this, He became angry because of mankind's evil deeds and caused the Flood to destroy everyone, except the venerable and just Noah who preserved the seed of mankind. The father of faith, the great Abraham, Terah's son, was born ten generations after Noah the just. [Abraham] was styled the "sublime father," for many peoples and tribes derived from him, by the blessing of God, who told [Abraham] to "multiply in sons like stars in the sky or like sand on the seashore."[1] And indeed, that is what happened.

---

1 Genesis 26:4.

CHAPTER I

Զի յազատ կնոջէն Աբրահամու ծնաւ Իսահակ. եւ ի նմանէ յԵսաւ եւ Յակոբ. եւ Յակոբայ երկոտասան նահապետքն, եւ մեծ մարգարէն Դաւիթ. ուստի յայտնեցաւ ի տանէ եւ յազգաթուէ Դաւթի Բանն Աստուած՝ Տէրն մեր Յիսուս Քրիստոս:

Իսկ յաղախնացն Աբրահամու, որ են անուանք նոցա միոյն Հագար եւ միւսոյն Կենտուրայ: Ի Կենտուրայ ծնաւ Իմրան, որ են Պահլաւք. ուստի քաջն Արշակ, եւ սուրբն Գրիգոր Լուսաւորիչն Հայոց. Իսկ ի Հագարայ՝ Իսմայէլ, որ թարգմանի Լսումն Աստուծոյ, ուստի իսմայէլացիք: Զոր հրամայեաց Աստուած Աբրահամու ի ծննդեանն Իսմայէլի տալ նմա եւ ազգի նորա զպարարտութիւն երկրի, եւ առնել զնա յազգ մեծ. եւ ձեռք նորա ի վերայ թշնամեաց իւրոց, սրով եւ աղեղամբ առաւել քան զամենայն ազգս աջողեալ:

Իսկ յԵսաւայ՝ յորդւոյն Իսահակայ ծնան յԵսաւացիք, որ են Սկիւթացիք, սեաւք եւ վայրագք եւ այլադէմք. եւ ի նոցանէ ծնան Բորամիժք եւ Լեկզիք, որ բնակեն ի ծակս եւ ի դարանս, եւ բազում ոճիրս գործեն:

Եւ ասի թէ Եդոմայեցիք այլ ի սմայ ծնընդոցն են, որ են Ֆռանգք: Ուստի եւ խառնեալք ի միմեանս երեք ազգս այս Հագարու, Կենդուրայ եւ Եսաւայ, եւ ծնաւ ի սոցանէ ծնունդ այլադէմ, ազդեցութեամբ չարին, եւ անուանեցաւ Տաթար. որ ասի սուր եւ թեթեւ:

HISTORY OF THE NATION OF ARCHERS

Isaac was born from Abraham's free wife, and from him [came] Esau and Jacob. Jacob's descendants included the twelve patriarchs and the great prophet, David. And from the house and line of David was revealed the Word of God, our lord Jesus Christ.

[There were also descendants] from the hand maidens of Abraham, one of whom was named Hagar, and the other, Keturah. From Keturah was born Imran, whence the Pahlaws [Parthians], [a lineage which includes] brave Arshak and Saint Gregory the Illuminator of the Armenians. From Hagar [descended] Ishmael, which translates to "the hearing of God," whence the Ishmaelites. At the birth of Ishmael, God commanded Abraham to give to him and his people the richness of the land, and to make a great people from him with his hand upon his enemies, and more successful than all other peoples with the sword and bow.

And from Esau, the son of Isaac, descended the Esavites, who are the Scythians. They are black [dark], wild, and strange looking. From them descend the Boramichk' and Lekzik', who dwell in holes and traps and perpetrate many crimes.

And it is said that the Edomites, who are the Franks, also are descended from him. These three peoples, descendants of Hagar, Keturah, and Esau, mingled together and gave birth to another people, strange looking and wicked, called T'at'ar, which means sharp and light.

CHAPTER I

Իսկ սուրբն Ներսէս ասէ զսա ի մնացորդացն Հագարու՝ խառնեալ ընդ ազգին Գովգայ, որ ի Թորգոմայ, որք ունին զՍկիւթիա մասն երկրի. որ սկսանի յԱթլ գետոյ առ Եմաւոն լերամբն՝ ձգեալ մինչեւ ի ծովն Կասբից. ուր բնակեալ են ազգք ԽԳ, որ խժական անուամբ կոչին խուժ եւ դուժ. այսինքն ազգք առանձնականս: Եւ գլխաւորին ամենեցուն ասի Բուշխ. եւ յազգացն այնոցիկ միոյն ասի Թուղարք. զոր կարծեմք թէ այս է, որ ասին Թաթարք:

HISTORY OF THE NATION OF ARCHERS

St. Nerses says that [the Mongols] are the remnants of Hagar mingled with the people of Gog, who are descendants of Togarmah, who hold the Scythian part of the world. This begins at the At'l river,[2] by Mt. Emawon and extends as far as the Caspian Sea, where forty-three peoples dwell. They are called by the barbaric names Xuzh and Duzh. They are separate peoples. The chief of all of them is called Bushx, [and] one [of them] is called T'ughark', which we believe are the ones called T'at'ars.

---

2 *At'l river:* Volga river.

Բ

Վասն կեցութեան, կրօնից, օրինաց եւ գլխաւորի նոցա:

Եւ որպէս յոմանց ի նոցանէ լուաք, ելին ի Թուրքաստան աշխարհէն իւրեանց ազգն այն, եւ մեկնեցան ի կողմ ինչ մասին արեւելեայց, եւ կային անդ աւազակութեամբ. վայրաբնակք եւյոյժ աղքատք զբազում ժամանակս: Եւ պաշտօն ինչ որ ունին բայց միայն պատկերս թաղեալ. զոր տակաւին կրէին ընդ ինքնեանս ի պէտս կախարդութեան: Բայց ընդ արեգակն զարմանային, որպէս ընդ զօրութիւն ինչ աստուածային: Եւ ապա յանկարծակի ուշաբերեալք, յոյժ նեղեալք ի թշուառական եւ աղքատ կենացն, կոչեցին յօգնութիւն զԱստուած զարարիչն երկնի եւ երկրի. եւ ուխտեցին նմա ուխտ մեծ կալ ի հրամանս նորա:

Որոյ երեւեալ հրեշտակ հրամանաւն Աստուծոյ ի կերպարանս ոսկեփետուր արծուոյ, եւ կոչեալ ի ձայն եւ ի բարբառնոցին լեզուի զգլխաւորն նոցա, որոյ անունն ասիւր Չանկըզ. եւ նա երթեալ կացեալ հանդէպ արծուակերպ հրեշտակին հեռագոյնս եւ ի բացեայ իբրեւ նետընկէց մի. եւ ապա արծիւն ըստ նոցա լեզուին ասաց զամենայն հրամայեալսն Աստուծոյ:

Եւ այս է օրէնքն Աստուծոյ, որ եղեալ է ի նոսա, զոր անուանեալ են իւրեանքն իասախ: Առաջին այս՝ որ սիրեն զմիմեանս. երկրորդ՝ մի՛ շնալ. մի՛ գողանալ. մի՛ սուտ վկայել. մի՛ զոք մատնել. պատուել զծերս եւ զաղքատս: Եւ եթէ գտցի ի նոսա այսպիսի մեղանաց, սպանցին գործողքն մեղացն:

II

REGARDING THEIR LIFESTYLE, RELIGION, LAWS AND RULER.

As we heard from some of them, this [Mongol] people arose from their land of Turkestan and moved to some area to the east, dwelling there in extreme poverty for a long time as robbers and wild men. They had no religion except for felt images which they carried with them for witchcraft. They were in awe of the sun, as though it were a divine power. Then suddenly they came to their senses, very straitened by their wretched and poor life. They called upon the aid of God, creator of Heaven and earth, and swore a great oath to Him to be faithful to His commands.

By the command of God, an angel in the form of an eagle with golden feathers appeared to their chief named Ch'ankĕz, calling out to him in the dialect of their own language. [Ch'ankĕz] went and stood opposite the angel in the form of an eagle out in the open at a distance of an arrow shot [bow shot]. And then the eagle, speaking their own language, related all the commands of God.

Here are the laws of God, which were given to them, and which they call *yasaq*: First, that they love one another; second, that they not commit adultery; not steal; not bear false witness; not betray anyone; and that they honor the aged and the poor. And should perpetrators of such crimes be found among them, they should be killed.

CHAPTER II

Եւ մինչ զայս ուսոյց հրեշտակն, ապա կոչեաց զանուն գլխաւորին Ղայան, որ եւ ասացաւ նմայ Չանկզ Խայան: Եւ ասաց հրեշտակն տիրել ի վերայ բազում աշխարհաց եւ գաւառաց. եւ բազմանալ նոցա անթիւ եւ անհամար բազմութեամբ. որ եւ եղեւն իսկ:

Եւ կատարեցաւ ասացեալն ի Տեառնէ, որպէս ի ձեռն մարգարէին սպառնայր Աստուած ասելով, թէ՝ Բաժակ ոսկի է ի ձեռին իմում Նաբուգոդոնոսոր, եւ ում կամիմ, արբուցանեմ զնա: Այսպէս եւ այլադէմ եւ գզանայբարոյ ազգս այս ոչ միայն բաժակ, այլ եւ մրուր դառնութեան հասեալ ի վերայ մեր, վասն բազում եւ ազգի ազգի մեղաց մերոց, զոր հանապազ բարկացուցանեմք զարարիչն Աստուած ի գործս մեր: Վասն որոյ զարթոյց զսոսա Տէր բարկութեամբ առ ի խրատել զմեզ, վասն ոչ պահելոյ մեր զպատուիրանս նորա:

When the angel had so instructed [Ch'ankěz], he called the chief by the title of *Ghayan*, whence Ch'ankěz Khan. And the angel told him to rule over many lands and districts and to increase into an uncountable, limitless host, as in fact happened.

What had been said by the Lord [to Ch'ankěz] was fulfilled, just as God, speaking through a prophet, had threatened: "Nebuchadnezzar is a golden chalice in my hands and I shall give it to whomever I choose to drink."[3] In this way an alien people brought upon us not only the chalice but the dregs of bitterness because of our many and diverse sins which always angered God the Creator at our deeds. As a result, the Lord in anger roused [the Mongols] as a lesson to us for not obeying His commands.

3 cf. Jeremiah 51:7.

Գ

Առաջին պատերազմ Թաթարաց ընդ Պարսիկս. ապա ընդ Աղուանս եւ ընդ Վիրս. եւ դիմադրութիւն եւ երկայնակեցութիւն նոցա: Հպատակութիւն Հայոց եւ Վրաց:

Իսկ յորժամ իմացան այլադէմ եւ գազանաբարոյ ազգն այն, թէ կամք է Աստուծոյ տիրել մեզ ի վերայ երկրի, ապա այնուհետեւ զաւրաժողով լեալ, գնացին ի վերայ Պարսկաց, եւ առին ի նոցանէ փոքր քաղաք մի: Եւ Պարսիկքն զաւրացեալ առին դարձեալ զիւրեանցն եւ զնոցայն:

Եւ ապա դարձեալ ձայն ձգեցին յազգն իւրեանց ուր եւ կային բնակեալ ազգն Նետողաց. եւ այլ եւս դարձեալ յարձակեցան ի վերայ Պարսից եւ յաղթեցին նոցա, եւ առին զքաղաք եւ զամենայն ինչս նոցա:

Եւ ի վերայ այսր ամենայնի՝ դարձեալ հրաման առին ի ղանէն իւրեանց, որ կոչեցաւ Չանկըզ ղան. եւ յարձակեցան ի վերայ աշխարհին Աղուանից եւ Վրաց: Եւ զայս լուեալ թագաւորացն Վրաց զհամբաւ գալոյ Տաթարին, ել ընդդէմ նոցա վացունն հազար հեծելով ի դաշտն մեծ, որ կոչի Կոտման. որ կայ առաջի Տէրունական բերդին: Եւ յորժամ խմբեցաւ պատերազմն, յայնժամն ազդեցութեամբն սատանայի՝ որ հանապազ հակառակ է նա ճշմարտութեանն, տէրն ՄանասագոմուցՀամիդալյայ անուն՝ յաղագս քինու ինչ, ջլատեաց զձինԱթաբակ Իւանէի: Զի յայնմ ժամանակի մեռեալ էր թագաւորն Վրաց Լաշէն. եւ մնացեալ էր նմայ որդի մի Դաւիթ անուն եւ դուստր մի Ուռուզուքան անուն.

III

THE FIRST WAR OF THE T'AT'ARS WITH THE IRANIANS, THEN THE AGHUANS AND GEORGIANS. THE [MONGOLS'] RESISTANCE AND LONG LIFESPAN. THE SUBJUGATION OF THE ARMENIANS AND GEORGIANS.

Now when this alien and brutish people realized that it was the will of God [for them] to rule over us on the earth, they assembled militarily and went against the Iranians. And they seized a small city from them; but then the Iranians armed and retook what was theirs, plus some more.

Then again [the Mongols] sent word to their people, wherever the nation of Archers was dwelling, and again they attacked the Iranians and defeated them, taking a city and all its possessions.

On top of all this, again they received an order from their khan, who was called Ch'ankĕz Khan and they launched an attack on the land of the Aghuans [Caucasian Albanians] and Georgians. When the kings of the Georgians heard the news about the coming of the T'at'ars, they took 60,000 cavalry and went against them in the great plain called Kotman, which lies in front of Terunakan fortress. When the battle had been joined, the lord of Manasgom, named Hamidawla, due to some grudge, hamstrung the horse of [the] Atabeg, Iwanē. This was due to the influence of Satan, who is opposed to justice. For at that time the king of Georgia, Lasha [George IV], had died; he was survived by a son, Dawit' [David], and a daughter, Ur'uzuk'an

եւ անկեալ էր Դաւիթն ի ձեռս Հոռոմց Սուլտանին, եւ կայր ի բանդի. եւ քոյր նորա Ռուռուզուքան ունէր զթագաւորութիւնն վերակացութեամբ Իւանէի՝ որոյ Աթաբակ անուանեցաւ:

Իսկ յորժամ եհաս համբաւ գալոյ Տաթարին ըստ վերայջգոյն ասացելոցդ, յայնժամ առեալ Իւանէի զհեծեալ թագաւորութեանն Վրաց. եւ եկն ի Գագ՝ առ մեծ եւ իմաստուն իշխանն Վահրամ, որդի Պլու Զաքարէի. եւ առեալ զնա զաւրաւք իւրովք՝ գնաց ընդդէմ Տաթարին: Եւ առեալ կորովի եւ մեծ իշխանն Վարհամ զաջոյ թեւն, եւ Իւանէ զձախոյ, եւ յորժամ յարձակեցան ի միմեանս այս ոճիրս գործեցաւ՝ որ գրեցաւ, ի ձեռն անիծելոյն Համիդաւլայ:

Իսկ յորժամ ետես ազգն Նետողաց զայսպիսի երկրպառակութիւն ի նոսա, յայնժամ զաւրացեալ յարձակեցան ի վերայ Վրաց հեծելոյն, եւ յանխնայ կոտորեցին զնոսա: Իսկ մեծ իշխանն Վարհամ՝ տէրն Գագայ, առեալ զաջոյ թեւն՝ մինչեւ յերեկոյն գնաց կոտորելով զՏաթարն յանխնայ յարձակմամբ. մինչեւ առ հասարակ լցաւ դաշտն Սագամայ կոտորեալ Տաթարով: Եւ ինքն Վարհամ իշխանն Գագայ իբրեւ լուաւ զկոտորումն զաւրաց թագաւորութեանն. յայն ժամն մեծապէս տրտմեալ եւ թողեալ զգործ պատերազմին, դարձաւ յամուրս բերդին իւրոյ որ կոչի Քարհերձ: Եւ այս եղեւ ի թուականութեանն Հայոց վեց հարիւր վացուն եւ երեք: Եւ յետ երից ամաց անցանելոց դարձեալ եկն Տաթարն, եւ էառ զԳանձակ շահաստան. եւ յանխնայ կոտորեաց եւ գերեաց, եւ դարձաւ յերկիրն իւր բազում աւարաւ եւ գանձիւք:

[Rusudan]. Dawit' had fallen into the hands of the sultan of Rum and was in prison. His sister, Ur'uzuk'an, held the throne under the supervision of Iwanē, who was titled Atabeg.

Once news of the coming of the T'at'ars arrived, as was mentioned above, Iwanē took the cavalry of the Georgian kingdom, and came to Gag, to the great and wise Prince Varham, son of Plu Zak'arē. Taking him along with his troops, he went against the T'at'ars. It was at this point, when the two sides clashed, that the crime we mentioned was perpetrated by the accursed Hamidawla, when [Iwanē] had the mighty and great Prince Varham in charge of the right wing while he himself commanded the left wing.

Now when the nation of Archers saw such discord amongst them, they grew more powerful, attacked the Georgian cavalry and mercilessly crushed them. The great Prince Varham, lord of Gag, taking the right wing, went along mercilessly cutting down the T'at'ars until evening, until the plain of Sagam was filled with dead T'at'ars. Then he himself, Varham, prince of Gag, heard about the destruction of the royal troops. Deeply saddened, he abandoned his warfare and returned to his secure fortress, called K'arherdz. This occurred in 663 of the Armenian Era [A.D. 1214]. After three years had passed, the T'at'ars returned and took the large commercial city of Gandzak, mercilessly destroying and taking captives. Then they returned to their own country with much booty and treasure.

CHAPTER III

Իսկ եթէ զինչ նմանութիւն ունէր առաջին Տաթարն, ասասցուք եւ զայն եւս: Զի ոչ էին իբրեւ զմարդ առաջինքն, որ եկին ի վերին երկիրն. այլ էին ահագինք տեսողաց եւ անպատմելիք. զի գլուխն մեծ էր իբրեւ զգոմիշու. աչքերն՝ իբրեւ զձագու. քիթն կարճ՝ իբրեւ զկատուի. դունչն՝ մռուզ իբրեւ զշան. մէջքն՝ բարակ զինչ մրջմնան. ոտներն՝ կարճ զերթ խոզի. մուրուս բնաւ իսկ չունէին. տալաթ ունէին զառիւծու. ձայնն ճիչող զերդ արծուի. ուր չպատմէր, անդ գտանուիր: Կանայքն իւրեանց ունէին գդականի սուլուլի վերանալի. ծածկեալ շարագուրով դիպակի. երեսն լայն պեռեքի, սպանմամբ դեղով ծեփէին. իժի նման ծնանէին, եւ գայլայպէս կերակրէին: Մահն ի նոսա իսկի չերեւիր. վասն այն՝ որ երեք հարիւր տարի ապրէին. այս ցեղ էին առաջինքն, որ եկին յաշխարհն վերին. եւ հաց ամենեւին չուտէին:

Դարձեալ այլ եւս հրաման առեալ ի Ղանէն, եւ եկին երեք գլխաւորք ի վերայ Աղուանից եւ Վրաց, եւ առին բազում քաղաքս եւ բերդերս, եւ էին անուանք նոցա միոյն Չաւրման, երկրորդին՝ Բենալ, երրորդին՝ Մուլար. եւ եղեալ ի վերայ բերդերացն հէսար անհամար հեծելաւք. եւ առին զառաջինն զՇամքաւր հուպ առ Գանձակ. որ յառաջ առեալ էին. առին զՍագամ, զՔարհերձ, զՏերեւեն. զմեծ դղեկն թագաւորանիստ. զԳարդման, զԵրգեւանքն, զՄածնաբերդ: Առին եւ գործով զամուր դղեկն զՏաւուշ, որ էր աթոռ Սուլթանի, առին զՏէրունականն եւ զՆոր բերդն. առին եւ զՔարն՝ մեծ վարդապետին բազում ընչիւք ի լի. եւ տարան զինքն զփառաւոր վարդապետն մեր Վանական՝ ծառայ իւրովք աշակերտաւքն: Իսկ երկիրն ամէն ի միասին ցաւակից լեալ՝ ետուն բազում զանձս եւ ոսկիս, եւ գնեցին զվարդապետն իւրեանց աշակերտաւքն:

HISTORY OF THE NATION OF ARCHERS

Let us say some more about what these first T'at'ars resembled. The first who came against our country were not like [ordinary] people. They were awful to see and impossible to describe. They had large heads, like buffalo, narrow eyes like chicks, short noses like cats, protruding chins like dogs, narrow waists like ants, and short legs like pigs. They are completely beardless, strong like lions, [with] voices that screech like [those of] eagles. They appear unexpectedly. Their women have attractive hats covered with a brocade shawl on top and broad faces smeared with a deadly pine medicine. They give birth like snakes and eat like wolves. Death does not appear among them, so they can live for three hundred years. Such were the folk who came first to the upper land. They never eat bread.

Once again, receiving a command from the khan, three chiefs, named Ch'awrman, Benal, and Mular, came against the Aghuans and Georgians and took many cities and fortresses. They came against the fortresses with countless cavalry. First, they took Shamk'awr, close to Gandzak which had been taken before. Then they captured Sagam, K'arherdz, and Terewen; the great royal residence, the stronghold Gardman, Erk'ewank', and the fortress of Matsnaberd. By siege they took the secure stronghold of Tawush, which was the seat of the sultan, Te'runakan and Norberd. They took the cave of the great vardapet Vanakan, full of much wealth, and took away our glorious vardapet himself, with his attending students. However, the entire country, united in grief, gave much treasure and gold and purchased their vardapet and his students.

CHAPTER III

Յետ այսորիկ յորժամ իմացան իմաստուն իշխանքըն Հայոց եւ Վրաց, թէ Աստուած է տուեալ զաւրութիւն եւ յաղթութիւն նոցա առնուլ զաշխարհս մեր. ապա գործ եւ սէր կապեալ, գնացին ի հնազանդութիւն Տաթարին, եւ խոստացան տալ հարկս այսինքն մալ եւ թաղար. եւ ինքեանք հեծելով գնալ ընդ նոսա որ եւ տանիցին: Եւ հաւանեալ Տաթարին թողին զկոտորումն եւ զաւերումն աշխարհին. եւ ինքեանք դարձան ի տեղիս իւրեանց յերկիրն Մուղանայ: Բայց թողին գլխաւոր մի Ղարա Բուղայ անուն, քակել զամենայն ամուրս երկրին զոր առեալ էին. զոր եւ քակեցին ի հիմանց զանառիկ բերդսն զշինեալսն ի Տաճկաց բազում ծախիւք: Եւ այս այսպէս գործեցաւ:

HISTORY OF THE NATION OF ARCHERS

After this, when the wise princes of the Armenians and Georgians realized that it was God who had given them the power and victory to take our lands, they went to the T'at'ars in submission and promised to pay taxes—that is, the mal and t'aghar—and to go with them wherever they went, with their own cavalry. Agreeing to this, the T'at'ars stopped ruining and destroying the land, and returned to their place in the Mughan country. However, they did leave one chief, named Ghara Bugha, to pull down all the strongholds they had taken in the country. They demolished to the foundations the impregnable fortresses built at great cost by the Tachiks. This, then, is what they did.

Դ

Աստղ գիսաւոր, վերստին յարձակումն Թաթարաց, եւ յետս կալն յաւերելոյ զաշխարհս նուաճեալս. եւ բաժանումն աշխարաց ի գլխաւորսն:

Յաւուրս յայսոսիկ երեւեցաւ աստղ մի գիսաւոր աւուրք ինչ. եւ դարձեալ ծածկեցաւ: Նոյն եւ ի յայս աւուրքս խաւարեցաւ արեգակն ի վեց ժամէ աւուրն մինչեւ ցինն ժամն:

Իսկ երեք գլխաւորքն, որ ասացաւ առին զաշխարհն Վրաց եւ Աղուանից, եւ դարձան յերկիրն Մուղանայ, որ միշտկանայ լինի խոտն ամառն եւ ձմեռն, վասն պարարտութեան երկրին եւ քաղցրութեան աւդոյն. եւ անդ կացեալ աւուրս ինչ, դարձեալ այլ եւս խորհեցան գալ ի վերայ քրիստոնէից, առ ոչինչ ունելով եւ համարելով զկոտորումն եւ զգերումն քրիստոնէից յաշխարհէն Վրաց եւ Աղուանից: Որ եւ զանուանի քարն Շմեղայ առին. եւ բիւրք բիւրուց կոտորեցին ի նմա. որ եւ թիւ ոչ գոյր կոտորելոցն. եւ զտղայսն գերեցին յամենայն աշխարհէն անթիւ բազմութեամբ: Եւ այսու ոչ յագեցան. այլ դարձեալ խորհեցան գալ ի վերայ երկրին, եւ առհասարակ կոտորել զամենայն երկիրն:

Իսկ նախախնամութիւն ամենակալին Աստուծոյ ոչ առնէ անտես զյուսացեալսն առ նայ. զի զանարժան խորհուրդս նոցա եւ զանիրաւ՝ խափանեաց, եւ զերից գլխաւորացն՝ որ ասացաւ, զերկուսն սատակեաց:

IV

A COMET; THE RENEWED ATTACK OF THE T'AT'ARS FOLLOWED BY AN END TO THE DESTRUCTION OF THE CONQUERED LANDS AND THEIR DIVISION AMONG CHIEFS.

In these days a comet appeared for a while, then was concealed again. During the same period, the sun was darkened from the sixth to the ninth hour.

The three chiefs—whom we mentioned as having taken the lands of the Georgians and Aghuanians—returned to the Mughan country, where the grass is always green [in] summer and winter because of the fertility of the place and the goodness of the climate. After staying there for some days, they again planned to come against the Christians, regarding as nothing the destruction and slave-taking of Christians already accomplished from the lands of the Georgians and Aghuanians. They also took the renowned rock of Shmegha, killing myriads upon myriads there, such that there were innumerable deaths. They took a countless multitude of children captive from all the lands, yet were not satisfied with this. So they planned to come again and completely destroy the entire country.

But the providence of the omnipotent God does not ignore those who place their hopes in Him. For He overturned their unworthy, unjust plans and killed two of the three chiefs we mentioned above.

Եւ թէ զի՞նչ խորհեցան, ասասցուք սակաւիկ: Երեկոյն արարին խուռութայ, որ ասի ժողով, եւ խորհեցան կրկին եւս դառնալ ի վերայ կալեալ երկրին, եւ առ հասարակ կոտորել. եւ զայս ոչ երեքն միաբան խորհեցան. այլ եւ երկուքն: Իսկ Չաւրմանն բարի խորհրդով ասէր, ի հրամանէ նախախնամութեանն Աստուծոյ, բաւական լինել զաւիրումն եւ զկոտորումն աշխարհի. ասելով թէ չէն մնան ասէ, զերկիր վաստակին, եւ զկէսն մեզ տան զապրանացն զայգոյ եւ զարտոյ, եւ կիսովն իւրեանքն ապրին:

Եւ մինչ ի այս խորհուրդս էին, աւրն երեկոյացաւ եւ խուռութայն խափանեցաւ եւ ի քուն մտանէին: Եւ մինչ լուսացաւ, տեսին զերկուս գլխաւորսն մեռեալ, որք զչարսն խորհեցան. եւ միւսն էր կենդանի, որ զշինութիւն եւ զխաղաղութիւն երկրին կամեցաւ. որոյ անունն էր Չաւրման:

Եւ ապա ելեալ Չաւրմանն վկայիւք բանիւ, գնաց առ մեծ գլխաւորն իւրեանց Չանկզ խանն. եւ պատմեաց զամենայն խորհեալսն զիւրն եւ զերկուց գլխաւորացն, զնոցայ սատակումն եւ զիւր կենդանի մնալն ի միում գիշերի:

Իսկ Ղայանն իբրեւ լուաւ, զարմացեալ ասաց զՉաւրմանն. այն զինչ երկու գլխաւորքն խորհեցան՝ չէր հաճոյ Աստուծոյ. վասն այն յանկարծամահ եղեն: Իսկ դու վասն բարի խորհրդոց քոց ոչ մեռար. զի Աստուծոյ կամք է առնուլ զերկիր եւ պահել ի շինութիւն. եւ դնել ասախ կալ ընդ հրամանաւ մեր, եւ տալ մեզ տզղու եւ մալ եւ թաղար եւ ղփչուր: Իսկ զայնոսիկ որ ո՛չ հնազանդին հրամանաց մեր եւ ոչ տան մեզ հարկ, զայնոսիկ սպանանել եւ զտեղին քակել, որ այլքն որ լսեն եւ տեսանիցեն՝ երկիցեն եւ ոչ արասցէն այնպէս:

HISTORY OF THE NATION OF ARCHERS

We shall briefly narrate what it was [the Mongols] had planned to do. In the evening they held a *kurultai*, which is called an assembly, and planned to come against the captured country and destroy it again. But the three were not unanimous about this; only two of them [were in agreement]. By the prudence of God, Ch'awrman expressed good counsel, saying: "The ruin and destruction of the land is enough. Let it remain cultivated and let them give us half the yield of vineyards and fields and keep half for themselves."

While they were having this discussion, day turned to night, the *kurultai* was interrupted, and they went to sleep. When it became light, the two chiefs who had planned evil were found dead, while the other one, named Ch'awrman, who had sought cultivation and peace for the country, was alive.

Then Ch'awrman arose and went to their leader [Ch'ankĕz Khan] with witnesses to these events, and narrated to him all the deliberations, both his own and the other chiefs', about their deaths, and his survival in the same night.

When the khan heard this, he said to Ch'awrman in astonishment: "That which the two chiefs advised was not pleasing to God and, consequently, they died suddenly; whereas you did not die because of your goodly counsel. For it is the will of God to take the country and keep it flourishing, to impose the *yasaq* and keep [the people] under our command so that they give us *tzghu*, *mal*, *t'aghar*, and *ghp'ch'ur*.[4] However, as for those who do not obey our commands and do not pay us taxes, [it is the will of God] to kill them and wreck their places. That way others who hear and observe [the consequences of disobedience] will be afraid and not do it."

---

4   Types of Mongol taxes.

Եւ զայս ասացեալ Ղայանն ապա հրամայեաց Չաւրմանին գնալ եւ պահել զուխտն իւր, զոր խորհեցաւ եւ ապրեցաւ ի մահուանէ: Եւ ետ զքարեմիտ կինն իւր զԱյլթանայ խաթունն Չաւրմանին, եւ անուանեաց զնա Չաւրմաղան: Իսկ Չաւրմաղանն առեալ զքարեսէր եւ զշնորհաւոր կինն Չանկըզ Խանին զԱյլթանայ խաթունն, եկն նստաւ ի Մուղան, որ է ձմերոց Տաթարին, հանդերձ հարիւր եւ տասն գլխաւորաւք:

Եւ ապա արարին ղուռութայ եւ ժողով մեծ, հրամանաւ Չաւրմաղանին, եւ բաժանեցին զերկիրս ի միմեանց վերայ՝ հարիւր եւ տասն գլխաւորքն: Եւ արարեալ ընդ երեք մասն զաշխարհս, բաժին մի գնացին ընդ հիւսիսոյ կողմն. եւ բաժին մի ընդ հարաւ, եւ բաժին մի ընդ մէջ երկրիս, որ այժմ ունին դեռ եւս:

Իսկ անուանք գլխաւորացն որ ի մէջ երկրիս մնացին, են այսոքիկ. Ասութու նուին. որ էր ոսկր Ղանին. Չաղատայն՝ որ Ղան կոչեցաւ, եւ յետոյ Սոնիթայ. միւս այլ փոքր Չաղատայ. Բաչու նուինն, որ դրին գլուխ ամենայն զաւրացն. Ասար նուին. Խութթու նուինն. Թութտու նուինն. Աւգաւթայ նուինն, Խաւշխայ նուինն. Խոջայ նուինն, Խուռումչի նուինն. Խունան նուինն. Թենալ նուինն, Անգուրագ նուինն:

Նոյնպէս եւ այս ԳԺ ան գլխաւորքս բաժանեցին ի միմեանց վերայ զերկիրն Վրաց եւ Աղուանից լեառնով եւ դաշտով. եւ զմեծ տուն Չաւրմաղանին բերին ի Գանձակ շահաստան, որ զառաջն աւիրեալ էին եւ յետոյ այլ շինեցաւ:

After saying this, the khan ordered Ch'awrman to go and implement the oath he had planned, which saved him from death. He gave to Ch'awrman his kindly wife Aylt'ana khatun and styled him Chormaqan. Then Chormaqan, taking Ch'ankēz Khan's wife, the goodly, gracious Aylt'ana khatun, came and resided in Mughan, the wintering grounds of the T'at'ars, together with one hundred and ten chiefs.

Next, they held a *kurultai* and great meeting by the command of Chormaqan and divided the countries among the one hundred and ten chiefs. This land was divided into three parts: one extending northward, one to the south, and one through the middle of the country, which they still hold.

The names of the chiefs who remained in the middle part of the country are: Asut'u *noyan*, who was the *oskr* of the khan; Ch'aghatay, who was called khan; Sanit'ay; another lesser Ch'aghatay; Baiju *noyan* whom they placed at the head of all the troops; Asar *noyan*; Xut't'u *noyan*; T'ut'tu *noyan*; Awgawt'ay *noyan*; Xojay *noyan*; Xur'umch'i *noyan*; Xunan *noyan*; T'enal *noyan*; Angurag *noyan*.

These thirteen chieftains similarly divided amongst themselves the mountains and plains of the country of the Georgians and Aghuanians; they also brought the great house of Chormaqan to the large commercial city of Gandzak which previously had been ruined but was later rebuilt.

Ե

Հարկատուութիւն իշխանացն Վրաց եւ Աղուանից. եւ Վանական վարդապետ Հայոց:

Իսկ մեծ եւ անհարկ իշխանքն Վրաց եւ Աղուանից եղեն ընդ հարկաւ նոցա՝ որ կամաւ եւ որ ակամայ. եւ տային անխափան զամենայն սահմանեալ հարկսն, զոր յառաջագոյն գրեցաք. եւ ինքեանք ըստ ուժոյ եւ ըստ կարողութեան իւրեանց հեծելովք գնային ընդ նոսա ի խաղան. եւ առնուին զոչ հնազանդեալ քաղաքս եւ զբերդս աւերելով եւ գերելով. եւ կոտորելով անխնայ զարս եւ զկանայս, զքահանայս եւ զկրաւնաւորս. գերելով զարկաւագունսն ի ծառայութիւն իւրեանց. կողոպտելով զեկեղեցիս քրիստոնէից աներկեղաբար. եւ զպատուական նշխարս սրբոց, եւ զխաչս եւ զգիրքս մերկացուցեալ ի զարդուց, առ ոչինչ համարեալ ձգէին ընդ վայր:

Եւ արդ՝ զո՞ր աղէտ եւ զպատահումն ժամանակիս գրեցից. զբաժանումն հարց եւ մարց ի յորդիսցն, թէ զսիրելեաց եւ զմերձաւոր ընտանեաց զխափանումն սիրոյն. զիւրեանց սեփական ընչիցն առնումն. թէ զգեղեցիկ ապարանացն ի հրոյ ծախումն. զմանկտիսն ի գիրգս մարցն զենումն, թէ զգեղեցիկ եւ զփափկասնունդ երիտասարդաց եւ զկուսից բոկ եւ մերկ գերումն:

Վա՜յ անցաւորիս. կարծեմ թէ ամենայնս յիմոց պարտեացն հանդիպեցաւ. զոր Տէրն եւ արարիչն մեր. այն որ ներող է եւ երկայնամիտ, այց արասցէ հաւտի իւրոյ, զոր գրնեաց պատուական արեամբն իւրով:

V

TAXATION OF THE PRINCES OF THE GEORGIANS AND AGHUANS; AND ABOUT VANAKAN, VARDAPET OF THE ARMENIANS.

The great and untaxed princes of the Georgians and Aghuanians came under taxation to [the Mongols], whether willingly or unwillingly. Without obstruction they gave all the stipulated taxes which we mentioned earlier. They themselves in accordance with their strength and ability accompanied [the Mongols] on raids with their cavalry and took the cities and fortresses which had not submitted [to them], plundering [them] and taking captives. They mercilessly killed men, women, priests, and monks, capturing deacons to serve them, fearlessly robbing Christian churches, stripping the ornaments from revered relics of the holy martyrs, from crosses and books then discarding them as worthless.

What shall I write now about the disastrous events of that period: the separation of fathers and mothers from their children, the destruction of the love among loved ones and close relatives; the taking of their personal belongings; the burning in flames of beautiful palaces; the immolation of children in the arms of their mothers; the enslavement of beautiful, delicate youths and virgins led away barefoot and naked.

Woe to me, a transitory [being]. I think that all of this occurred due to our sins; that our Lord and creator, who is forgiving and broad-minded, visited this upon His flock that He redeemed with His worthy blood.

CHAPTER V

Յայսմ ի նեղ եւ ի դառն ժամանակիս փայլէր իբրեւ զարեգակն՝ սուրբ հոգի վարդապետն մեր Վանականն յերկիրն արեւելեան, երկրորդ արեւելք անուանեալ. լի լուսով եւ անհաս գիտութեամբ ամէնիմաստ Հոգւոյն սրբոյ. զոր եւ բազում երկամբք եւ աշխատութեամբ ձրի բաշխէր զկերակուրն հոգեւոր, այսինքն զբան վարդապետութեան Հոգւոյն, նմանեալ երկնաւոր վարդապետին Քրիստոսի, հեզութեամբ եւ խոնարհութեամբ, լռութեամբ եւ երկայնմտութեամբ: Սիրող սրբոց եւ սրբութեանց, խաչի եւ եկեղեցւոյ, ժամատեղեաց եւ ժամարարաց, քահանայից եւ կրաւնաւորաց: Առ մեծամեծսն ահարկու. առ աղքատսն եւ կարաւտեալսն քաղցր, առ մեղուցեալսն՝ անոխակալ, դրնելով զդեղ ապաշխարութեանն թեթեւագոյնս, որպէսզի կարող լինիցին տանել զլուծ ապաշխարութեանն, եւ վերստին նորոգիլ հոգւով եւ մարմնով, եւ կալ հաստատուն ի հաւատս ճշմարիտս, փառաբանիչս եւ երկրպագուս ամենասուրբ Երրորդութեանն:

Նոյնպէս եւ գովելի աշակերտքն իւր Վարդան եւ Կիւրակոս, Առաքեալն եւ Յովսէփ խաչանման բաժանեալ զաշխարհն արեւելից՝ լուսաւորեցին կենարար վաղապետութեամբ Հոգւոյն սրբոյ: Այլեւ բազում որդիս ի փառս ածին՝ ձրի բաշխելով զտիրական եւ զխաչանիշ գաւազանն նըմանեալ փառաւոր վարդապետին իւրեանց, կատարելով զՏեառն հրամանքն՝ թէ ձրի առիք եւ ձրի տուք. զոր եւ զկեանըս նոցայ տացէ եկեղեցւոյ իւրոյ Քրիստոս Աստուած ընդ երկայն ժամանակս. ամէն:

HISTORY OF THE NATION OF ARCHERS

At this difficult and bitter time, the holy spirit of our *vardapet* Vanakan shone forth like the sun in the eastern land.[5] He was styled "the second Sunrise," full of the light and incomparable knowledge of the all-knowing Holy Spirit who, with much effort and labor, freely distributed spiritual food; that is to say, the word of the doctrine of the Spirit. [Vanakan] resembled the heavenly *vardapet*, Christ, with his meekness and modesty, silence and tolerance, loving the saints and sanctity of Cross and Church, holy places and their attendants, priests and monks. To the grandees he was terrifying, while to the poor and needy he was sweet. To the sinners he was without malice, placing upon them the lightest medicine of repentance, so that they be able to endure the yoke of repentance and, once again, be renewed in spirit and body and become steadfast in the true faith as glorifiers and worshipers of the most Holy Trinity.

Similarly [Vanakan's] praiseworthy students—Vardan and Kirakos, Ar'ak'eal and Hovsep'— divided up the eastern lands in a cross shape and illuminated it with the life-giving doctrine of the Holy Spirit. In addition, they led many sons to glory, freely distributing the Lordly cruciform scepter, resembling their glorious *vardapet*, and fulfilling the Lord's command to "take freely and give freely," as Christ God forever gave His life to them for His church. Amen.

---

5 *eastern land*, i.e., Greater Armenia.

Զ

Պատերազմունք եւ աւերածք Բաչու նուինին ի Կարնոյ քաղաք եւ ի Հոռոմս:

Ի վեց հարիւր յութսուն եւ յութ թուին Հայոց զաւրաժողով լեալ Բաչու նուինն՝ գլխաւորն Տաթարին, եկն ի վերայ Կարնոյ քաղաքոյ անթիւ բազմութեամբ. եւ ածեալ ի հէսար զամիսս երկու, առին եւ յանխնայ կոտորեցին եւ աւերեցին զքարելի եւ զգեղեցիկ քաղաքն: Նոյնպէս եւ զվանորայս երկրին եւ զհրաշալի եկեղեցիսն անմարդաքնակ արին՝ գերելով եւ աւերելով: Որոյ Հայոց եւ Վրաց իշխանքն առեալ բազումգրեանս՝ Տաւնական եւ Մարտիրողէք, Առաքեալ եւ Ընթերցուած, Գործք եւ ոսկէգիր Աւետարանք, աննման փարթամութեամբ զարդարած, ի շինութիւն եւ ի զարդ որդոց նոր Սիոնի, ուստի առեալ տարան յաշխարհն արեւելից, եւ լցուցին զվանորայսն ամենայն զարդուք եկեղեցւոյ: Եւ ի վերայ այսր ամենայնի զկնի միոյ ամի անցանելոյ, դարձեալ այլ եւս զաւրաժողով եղեն ազգն Նետողաց հանդերձ Հայոց եւ Վրաց իշխանաւքն, եւ եկին ի վերայ աշխարհին Հոռոմց անթիւ բազմութեամբ:

Եւ գլխաւորն զաւրուն Բաչու նուինն յաջողեալ էր ի գործ պատերազմի. ուր եւ հանդիպէր ընդդէմ աղեացն իւրեանց, բազում յաղթութիւնս առնէր. բայց պատճառ յաղթութեանն էին Հայոց եւ Վրաց իշխանքն, որ լինէին երեսք զառաջինն, եւ ուժգին բախելով ի թշնամիսն յարձակէին. եւ ապա զկնի նոցա Տաթարն նետիւ եւ աղեղամբ:

VI

THE WARS AND DESTRUCTIONS OF BAIJU NOYAN IN THE CITY OF KARIN AND IN RUM.

In 688 of the Armenian Era [A.D. 1239], Baiju *noyan*, the head of the T'at'ars, mustered troops and came against the city of Karin with a countless multitude. Besieging it for two months, [the Mongols] took it and mercilessly destroyed and ruined the goodly and beautiful city. Similarly, through captive-taking and destruction they rendered uninhabited the monasteries of the country and the marvelous churches. Then the Armenian and Georgian princes took many books—heortologies and martyrologies, Apostolic works, lectionaries, Acts and Gospels of gold adorned with matchless richness for the edification and adornment of the sons of the new Zion—to the eastern land and filled up the monasteries with all these adornments of the Church. Moreover, after a year had passed the nation of Archers once again massed troops together with the Armenian and Georgian princes and came against the land of Rum with a countless multitude.

The chief of the force, Baiju *noyan*, was successful in battle; he had enjoyed numerous successes wherever he encountered opposition. Yet the cause of the victory was the Armenian and Georgian princes who were at the front where they attacked the enemy with forceful blows. Then after them came the T'at'ars with bow and arrow.

CHAPTER VI

Իսկ յորժամ մտին յերկիրն Հոռոմոց եկաւ ընդդէմ նոցա Խիաթադին սուլտանն ՃՌ եւ Կ հազարաւք, եւ էր որդին մեծին Շալուէի առ սուլտանն ի վաղուց ժամանակաց: Եւ յորժամ կազմեցան ի գործ պատերազմին՝ հանդիպեցան զաւրք Տաթարին եւ որդին Շալուէի հանդէպ միմեանց ի ձախոյ թեւն. եւ մեծայ յաղթ իշխանքն Հայոց եւ Վրաց ընդդէմ սուլտանին զաւրացն յաջոյ թեւն: Եւ յորժամ սաստկացաւ մարտն, քաջ եւ անուանի որդին Շալուէին դարձոյց զՏաթարն, եւ զբազումս կոտորեաց ի նոցանէ:

Իսկ Վրաց իշխանն՝ Տէրն Գագայ, որդին մեծին Վարհամայ, թոռն Բլու Զաքարէի, Աղբուղայ անուն, քաջապէս մարտուցեալ ընդդէմ զաւրու սուլտանին, հանդերձ այլ ազատագունդ զաւրաւքն Հայոց եւ Վրաց, որ ընդ նմա, եւ դարձուցեալ զաջ թեւ զաւրաց սուլտանին, բազում ամիրայից եւ մեծամեծաց գլուխս հատեալ, յոյժ տրտմեցուցին զսուլտանն: Եւ աւրն երեկոյացեալ թողին զգործ պատերազմին, եւ բանակեցան հանդէպ միմեանց ի մէջ դաշտավայր տեղեացն. որ կայ ընդ մէջ Կարնոյ քաղաքոյ եւ Եզնկային:

Իսկ ընդ լուսանալ միւս այլ աւուրն՝ զուգեցան զաւրքն Տաթարին եւ Հայոց եւ Վրաց գնալ ընդդէմ սուլտանին ի պատերազմ: Եւ զաւրաւք բազմութեամբ ձիաթող եղեալ ի վերայ բանակի սուլտանին գնացին. եւ յորժամ հասին ի տեղի բանակին այլ ինչ ոչ գտին, բայց միայն զվրաննին բազում ռոճկաւք լցեալ. եւ զվրան սուլտանին տեսին բազում գանձիւք զարդարեալ ներքոյ եւ արտաքոյ, եւ գազանք վայրենիք կապեալ, ինձ եւ առեւծ եւ յովազ, առ դուրս վրանի սուլտանին: Քանզի ի գիշերին յայնմիկ փախեալ էր սուլտանն ամենայն զաւրաւք իւրաւք յերկմտութենէ ամիրայիցն, որ կամէին հնազանդել Տաթարին:

Once they entered the country of Rum, its sultan, Ghiyath al-Din, arose against them with one hundred thousand troops plus another sixty thousand. The son of the great Shaluē had been with the sultan for a long time. When they organized for the fight and massed against the T'at'ar army, the son of Shaluē held the left wing. Meanwhile the victorious princes of the Armenians and Georgians were ranged against the sultan on the right wing. When the battle grew fierce, the brave and renowned son of Shaluē put the T'at'ars to flight, killing many of them.

Then the Georgian lord of Gag, son of the great Varham, grandson of Plu Zak'arē, valiantly fought against the sultan's force together with the *azatagund* forces[6] of the Armenians and Georgians with him and put the right wing of the sultan's troops to flight, beheading many *amir*s and grandees and causing the sultan great grief. As the day turned to evening, they left off warring and encamped opposite each other in the plains between the city of Karin and Erznka.

When the next day dawned, the troops of the T'at'ars combined with those of the Armenians and Georgians and went to do battle against the Sultan. They went against the Sultan's camp with a large multitude of troops, but when they reached the campsite, they found nothing there, except for tents filled with many provisions. They found the sultan's tent adorned with numerous treasures both inside and out, and wild animals—a leopard, lion, and panther—tethered to the entrance of the sultan's tent; that night the sultan and all his troops had fled, because of the wavering of the *amir*s, who wanted to submit to the T'at'ars.

---

6 *azatagund forces:* a military reigment/unit composed of nobles.

CHAPTER VI

Եւ տեսեալ Տաթարին զփախուստ սուլտանին, կացուցին սակաւ մի ի զաւրացն պահապանս զգուշութեամբ ի վերայ վրանիցն, ասելով թէ խաբէութիւն ինչ է: Եւ այլ բազմութիւն զաւրացն արձակեցան զհետ սուլտանին, եւ ոչ կարացին ըմբռնել զոք, զի յամուրս երկրին իւրեանց հասեալ էին: Իբրեւ գիտացին եթէ ստոյգ փախուցեալ է սուլտանն Հոռոմոց, դարձան յետս զաւրք Տաթարին, եւ առին զամենայն ոռճիկս եւ զկարասիս նոցա, հանդերձ մեծամեծ գեղեցկաերանգ վրանաւքն, զոր թողեալ էին առ ահի Տաթարին, եւ ինքեանք փախուցեալ: Եւ ապա ի վաղիւն ուրախութեամբ մեծաւ յարձակեցան ի վերայ աշխարհին Հոռոմոց. առին զԵզնկայն յառաջագոյն, եւ թողին շահնայ: Առին եւ զԿեսարիայ եւ բազում արիւնհեղութիւնս արարին ի նմայ, վասն ոչ տալոյ զքաղաքն, այլ կային ընդդէմ Տաթարին կռուով. վասն զի բազում հեծեալ կայր բնակեալ ի նմա՝ լցեալ ամենայն բարութեամբ. եւ ոչ տային զքաղաքն սիրով: Իսկ խորամանգ զաւրք Տաթարին ջան եղեալ առին խաբէութեամբ, եւ առ հասարակ կոտորեցին զմեծամեծսն, եւ զփոքունսն գերեցին յանխնայ ամենայն ընչիւք իւրեանց: Եւ դարձեալ առին զԿաւնն եւ զԱխշարն, հանդերձ մեծամեծ գեղաւք եւ վանորայիւք: Եւ ապա յարձակեցան ի վերայ Սեւաստայ, եւ գործով առին զնա. բայց ոչ կոտորեցին զնոսայ, այլ առեալ աւար զինչս նոցայ, եւ զմարդիկն համարեալ եդին հարկս ի վերայ նոցայ, ըստ սովորութեանն իւրեանց, մալ եւ թաղար. եւ թողեալ շահնա եւ գլխաւորս երկրին Հոռոմոց, եւ ինքեանք գնացին բազում՝ աւարաւ եւ գանձիւք եւ գերեաւք, զոր առին յաշխարհէն Հոռոմոց, յերկիրն արեւելից ի բնակութիւնս եւ յուրդգահս իւրեանց:

When the T'at'ars saw the sultan's flight, they cautiously placed a small number of troops as guards over the tents, saying that this might be a trick of some sort. They sent the rest of the multitude of troops after the sultan, but were unable to catch anyone since [the fugitives] had reached the strongholds of their country. Once the T'at'ars learned that the sultan of Rum had actually fled, the army of the T'at'ars returned and took all of [the sultan's] provisions and furnishings together with the very large varicolored tents which they had left when they fled in fear of the T'at'ars. The next day, in great joy, [the Mongols] launched an attack on the land of Rum, taking Erznka first and leaving a *Shahna* [governor] there. They took Caesarea and wrought much bloodletting there since [the inhabitants] did not surrender the city but opposed the T'at'ars in battle. This was because there was much cavalry dwelling in the city which was filled up with all sorts of goods. So they did not give up the city willingly. The wily army of T'at'ars, applying themselves, took [Caesarea] by deception and generally destroyed the grandees, while the lesser folk they mercilessly took into captivity with all their belongings. Once again, they took K'on and Axshar with the grandee villages and monasteries. And then they attacked Sewast and took it by siege. However, they did not destroy these [cities], and instead took their belonging as booty, conducted a census, and placed on them the *mal* and *t'aghar* taxes, according to their custom. Leaving a *shahna* and chiefs in the country of Rum, [the Mongols] went to the eastern country, to their residence and *yurts*[7] with the enormous booty, treasures, and captives which they had taken from the land of Rum.

---

7   *yurts:* large circular tents.

Է

Խորհուրդ եւ հարկատուութիւն բարեպաշտ արքային Հայոց Հեթմոյ՝ Թաթարաց:

Իսկ բարեպաշտ եւ քրիստոսասպսակ թագաւորն Հայոց Հեթում, հանդերձ ամենայն իմաստութեամբ լցեալ հարբն իւրով եւ աստուածապահ եղբարբքն եւ իշխանաւքն, ի խորհուրդ մտեալ, հաստատեցին ի միտս իւրեանց հնազանդել Տաթարին եւ տալ հարկս եւ խալան, եւ ոչ թողուլ զնոսայ յաստուածաշէն եւ ի քրիստոնայժողով յերկիրն իւրեանց. զոր եւ արարին իսկ: Վասն զի յառաջագոյն տեսին զԲաչոյն՝ զգլխաւորն զորաց Տաթարին, եւ հաստատեցին դաշինս սիրոյ եւ հնազանդութեանն. եւ ապա զկնի այնորիկ առաքեցին զեղբայր թագաւորին զասպարապետն Հայոց՝ զպարոն Սմպատ առ Սային Ղանն, որ էր նստեալ ի յաթոռ Չանգզղանին: Եւ երթեալ ըստ յաջողելոյն Աստուծոյ՝ ետես զՍային Ղանն, զի էր ղանն այն յոյժ քրիստոնայասէր եւ բարէսէր, վասն այնորիկ ազգն իւրեանց անուանեցին զնա Սային Ղան. որ է ըստ լեզուին իւրեանց աղէկ եւ լաւ ղան: Եւ տեսեալ զասպարապետն Հայոց՝ Սային Ղանն, յոյժ ուրախացաւ վասն քրիստոնէութեան հաւատոյն. եւ եւս առաւել վասն կորովի եւ իմաստուն բանիցն՝ զոր խաւսեցաւ ասպարապետն Հայոց Սմբատ առաջի նորայ. եւ արարեալ զնա սղամիշ, եւ տըւեալ մեծ խաղախս եւ փայիղայս ոսկիս եւ տաթար խաթուն

VII

THE COUNCIL OF THE PIOUS KING OF THE ARMENIANS, HET'UM, AND HIS PAYMENT OF TAXES TO THE T'AT'ARS.

Het'um, the pious, Christ-crowned king of the Armenians filled with all the wisdom of his fathers, held a council with his God-protected brothers and princes and resolved to submit to the T'at'ars and pay taxes and *xalan* so as not to allow [the Mongols] into their God-created Christian country. And they did just that. Since they had previously seen Baiju, chief of the T'at'ar troops and established [with him] a treaty of friendship and submission, subsequently they sent the king's brother, the *asparapet* of the Armenians, *Baron* Smbat, to Sayin Khan[8] who sat on the throne of Ch'ankĕz Khan. With the aid of God he went and saw Güyük Khan, an extremely philo-Christian and goodly [ruler]. It was for these [qualities] that his people styled him Güyük Khan which means, in their language, the fine and good khan. Güyük Khan rejoiced exceedingly upon seeing the *asparapet* of the Armenians because of his Christian faith, but even more because of the powerful and wise things that Smbat, *asparapet* of the Armenians, said before him. He [Güyük Khan] made him [Smbat] a *sghamish*[9] and gave him a great *yarlıq*[10] and a golden *paiza*[11] and a T'at'ar *khatun*[12]

---

8 *Sayin Khan:* Güyük Khan.
9 *sghamish:* vassal.
10 *yarliq:* edict.
11 *paiza:* a tablet bearing privileges.
12 *khatun:* a female noble.

պաւխտախաւոր. զի այն էր նոցայ մեծ սէրն, որ զոր սիրէին եւ մեծարէին, տային կին ի պատուաւոր կանանցն իւրեանց: Եւ այսպէս մեծ մեծարանաւք պատուեալ զասպարապետն Հայոց, յուղարկեաց յաշխարհն իւրեանց առաջի քրիստոսասպասակ թագաւորին Հայոց Հեթմոյ. հրամայելով նմա գնալ առ ինքն եւ տեսանել զնա: Զոր տեսեալ բարեպաշտ թագաւորն Հեթում զՊարոն եղբայրն իւր զՍմբատ այնպիսի պատուով պատուեալ եւ մեծարեալ ի Ղանէն, յոյժ ուրախացաւ յուրախութիւն մեծ. եւս առաւել ընդ գրեալսն վասն ազատութեան երկրիս եւ վանորէիցս եւ ամենայն քրիստոնէից:

with *pawxtaxawor*,[13] for to them this was a sign of friendship—to give a notable woman to someone they liked and honored. Thus, honoring the *asparapet* of the Armenians greatly, [the khan] sent him to his land to [see] Het'um, the Christ-crowned king of the Armenians, ordering him to come to them in person. When Het'um, the pious king of the Armenians, saw the honor and esteem bestowed upon his brother, the *baron*, Smbat, by the khan, he rejoiced greatly, and especially over arrangements about the freeing of the country, monasteries, and all Christians.

---

13 *pawxtaxawor:* headdress.

Ը

Դարձ եւ թագաւորութիւն արքայորդւոյն Վրաց Դաւթի ի կապանաց ջանիւք Վարհամայ հրամանաւ մեծի ղանին:

Իսկ քաջ եւ անուանի զաւրքն Վրաց ոչ ունէին գլուխ թագաւոր իւրեանց ի վաղուց հետէ. եւ դուստրն Լաշային Ուռուզուքան մահուամբ փոխեցաւ յաշխարհէս, եւ Վիրք մնացին անտերունչք, իբրեւ զհաւտս, որոյ ոչ իցէ հովիւ: Ապա ի նախախնամութենէն Աստուծոյ ընդ միտ արկեալ զորդին թագաւորին իւրեանց զԴաւիթ՝ որ էր ի բանտի ի Հոռոմք. եւ ըմբռնեալ արս գլխաւորս ի զաւրացն Հոռոմոց իշխանքն Վրաց, տարան առ Բաչոյն՝ որ էր գլխաւոր Տաթարին, եւ ետուն չարչարանաւք հարցանել զնոսա վասն թագաւորորդոյն Դաւթայ. եւ ի նեղելն զնոսա հարցմամբ եւ սաստիկ գանիւ, որպէս սովորութիւն է Տաթարին, եկին ի խոստ, եւ ասացին թէ կայ յերկաթ եւ ի հորի ի Կեսարիայ:

Եւ ապա յոյժ ուրախացեալ Վրաց իշխանացն առաքեցին զիմաստուն իշխանն Վարհամ՝ զտէրն Գագայ, հրամանաւ Բաչոյն նուինին եւ այլ ամենայն գլխաւորաց Տաթարին. եւ ետուն զկնի Վարհամայ Տաթար գըլխաւոր մի այլ Ճ ձիաւորով. եւ յուղարկեցին զնոսա մեծ սիասաթով ի Կեսարիայ: Եւ իբրեւ գնացին, գտան կամաւքն Աստուծոյ զթագաւորորդին Դաւիթ ի մեծ եւ

VIII

THE RETURN FROM PRISON AND THE REIGN OF THE GEORGIAN KING'S SON, DAWIT', BY THE ORDER OF THE GREAT KHAN, THROUGH THE EFFORTS OF VARHAM.

Now the brave and renowned Georgian troops had not had a king at their head for a long while. Ur'uzuk'an, daughter of [King] Lasha, had died and the Georgians remained without a lord, like a flock without a shepherd. Then, by the providence of God, they remembered their king's son, Dawit', in prison in Rum at the time. The Georgian princes seized some chiefs of the troops of Rum and took them to Baiju who was the head of the T'at'ars, where they were interrogated under torture about the king's son, Dawit'. As is the T'at'ar custom, they made them confess, under questioning and severe caning, that [Dawit'] was in chains in a prison in Caesarea.

Then the Georgian princes, greatly rejoicing, sent the wise Prince Varham, lord of Gag, by the order of Baiju noyan and all the other T'at'ar chiefs. And along with Varham they sent another T'at'ar chief with one hundred horsemen. They sent them to Caesarea with siasat [authority]. When they arrived, by the will of God they found the king's son, Dawit', in a great,

ի խոր վիրապի. իսկ կամքն Աստուծոյ պահեալ էր զնա կենդանի ի խոր բանդին: Եւ իբրեւ տեսին զաւրք Տաթարին եւ մեծ իշխանն Վարհամ՝ ի հիացման եղեալ վասն կենդանութեան նորա, ետուն փառս Աստուծոյ: Եւ էր Դաւիթ որդի թագաւորին Վրաց, երկայն հասակաւ եւ կորովի, գեղեցիկ պատկերաւ եւ թուխ մուրուաւք. լցեալ ամենայն իմաստութեամբ եւ շնորհաւքն Աստուծոյ:

Եւ ապա հանեալ ի բանդէն, ագուցին նմա հանդերձս պատուականս. եւ հեծուցեալ յերիվարս առին եւ գնացին յաշխարհն Վրաց: Եւ յորժամ հասին ի մեծ քաղաքն Տփխիս, յոյժ ուրախացան ամենայն իշխանքն Վրաց. եւ առեալ հրաման ի Բաչու նուինէն եւ յԱյլթանա խաթունէն, որ էր կին Չաւրմաղանին: Զի ընդ այն աւուրս մեռեալ էր Չաւրմաղանն եւ կին ունէր զղանութիւնն, որ ետ հրաման եւ հեծեալ զկնի մեծ իշխանին Վարհամայ եւ առաքեաց առ մեծ Ղանն որ էր յարեւելք: Եւ գնացեալ աւգնութեամբ Աստուծոյ եւ տեսեալ զղանն պատմեցին զեղեալ իրսն վասն թագաւորորդոյն. եւ առին հրաման ի մեծ Ղանէն, բերին նստուցին զԴաւիթ յաթոռ հաւրն իւրոյ ի Տփխիս: Եւ իշխանքն Վրաց յոյժ ուրախացեալ անուանեցին զնա Վարհամնուլ թագաւոր. այսինքն, թէ Վարհամ էդիր թագաւոր: Եւ առ ժամանակ մի խաղաղացաւ երկիրն Վրաց եւ Աղուանից վասն նոր թագաւորին նստելոյ:

deep pit. It was the will of God which had kept him alive in the deep prison. When the troops of the T'at'ars and the great Prince Varham saw this, they were astonished that he was alive, and they praised God. Dawit', son of the king of the Georgians, was tall, strong, and handsome, with a black beard, and he was filled with all wisdom and the graces of God.

Removing him from the prison, they dressed him in worthy clothing, mounted him on a horse, and took him to the land of the Georgians. When he reached the city of Tp'xis [Tiflis], the Georgian princes rejoiced exceedingly. Taking an order from Baiju noyan and Aylt'ana khatun—who was the wife of Chormaqan and who then held the khanate since Chormaqan had died recently—[Dawit'] was sent to the Great Khan, who was in the east, accompanied by the great Prince Varham and cavalry. With the aid of God, they went and saw the khan and narrated what had happened to the king's son. Taking a command from the Great Khan, they brought Dawit' to Tp'xis and seated him on his father's throne. The princes of the Georgians, rejoicing exceedingly, styled him King Varhamul, that is, "made king by Varham." And for a while the country of the Georgians and Aghuanians became peaceful because of the accession of the new king.

Թ

Մահ Զաւրմաղանին: Տ. Կոստանդին կաթողիկոս Հայոց: Պարոն Կոստանդին նախկին թագաւոր Հայոց հայրն Հեթմոյ: Դաւիթ արքայ Վրաց մատնի յիշխանացն իւրոց: Մեռանի Վանական վարդապետ:

Իսկ Զաւրմաղանն մեռաւ բարի խորհրդով. եւ եթող երկուս որդիս յԱյլթանա խաթուն կնոջէ իւրմէ. անուն միոյն Սիրամուն, եւ երկրորդին՝ Բաւրայ: Եւ էր Սիրամունն բարի ի մանկութենէ իւրմէ, սիրող քրիստոնէից եւ եկեղեցւոյ. եւ կամաւքն Աստուծոյ յաջողեալ ի գործ պատերազմի. մինչ զի վասն կարի քաջութեանն՝ դաներն Ոսկի Սիւն անուանեցին զնա, յետ բազում յաղթութեանց եւ պատերազմաց: Իսկ եղբայր նորին վասն չարութեան բարուց իւրոց սպանաւ ի Հուլաւու Ղանէն:

Յայսմ ժամանակի հանդիսավայր պայծառ եւ առաքինի վարիւք հաճոյ Աստուծոյ եւ մարդկան, Տէր Կոստընդինն՝ կաթուղիկոսն Հայոց, հանդերձ քրիստոսապսակ թագաւորաւն Հեթմաւ, որ եւ լուսաւորեցին ուղղափառ հաւատով եւ պայծառ կարգաւք զամենայն եկեղեցիս Հայաստանեայց, յարեւելս եւ յարեւմուտս եւ յամենայն տեղիս:

IX

THE DEATH OF CHORMAQAN. LORD KOSTANDIN, CATHOLICOS OF THE ARMENIANS. BARON KOSTANDIN, FORMER KING OF THE ARMENIANS AND HET'UM'S FATHER. DAWIT', KING OF THE GEORGIANS, IS BETRAYED BY HIS OWN PRINCES. VANAKAN VARDAPET DIES.

The well-disposed Chormaqan died leaving two sons from his wife, Aylt'ana khatun. One was named Siramun and the other, Bawra. Siramun, from his childhood on was goodly, a lover of Christians and the Church. By the will of God, he was so successful in matters of warfare that because of his bravery the khans styled him Gold Pillar, after many victories and battles. But his brother, because of his wicked behavior, was slain by Hulagu Khan.

In this period, Lord Kostandin, through brilliant and virtuous behavior pleasing to God and man, together with the Christ-crowned king, Het'um, with orthodox faith and glowing arrangements, illuminated all the churches of the Armenians, in the east, west, and everywhere.

CHAPTER IX

Իսկ թագաւորահայրն պարոն Կոստընդինն հան-
դերձ այլ աստուածատուր որդւովքն եւ իշխանաւքն կայր
վառեալ ընդդէմ զաւրաց այլազգացն եւ թշնամեաց խա-
չին Քրիստոսի. եւ պահէին յուրախութիւն հանապազ
զբարեպաշտ եւ զքրիստոսապսակ թագաւորն Հայոց
զՀեթում, հանդերձ գեղեցիկ եւ պատուական զաւակաւ-
քըն իւրովք, Լեւոնիւ եւ Թորոսիւ:

Իսկ բարեսէր եւ գեղեցիկ թագաւորն Վրաց Դաւիթ
հանապազ իւր ամենայն թագաւորութեամբն կայր ի
մեծ ուրախութեան եւ ի գինարբուս յիւր թագաւորա-
նիստ քաղաքն Տփխիս: Եւ յաւուր միում էր մեծ ճաշ եւ
ուրախութիւն առաջի թագաւորին. եւ սովորութիւն է
Վրաց հանապազ ամպարտաւանել եւ մեծամեծ բանս
խաւսել:

Իսկ մի յիշխանացն Վրաց համարեաց առաջի թա-
գաւորին զայլ իշխանսն եւ ասաց զթիւ իշխանացն հա-
զար: Եւ կայր յիշխանացն՝ որ ունէր հազար ձիավոր
պատերազմող, կայր՝ որ ունէր հինգ հարիւր. եւ անկաւ
բանս այս ի լոյս ամենայն թագաւորութեանն, յորժամ
էին անուշացեալ յուտել եւ յըմպելն: Եւ յորժամ հաշուե-
ցան եւ համար արարին զաւրացն Հայոց եւ Վրաց՝ ա-
սացին զիւրեանցն յաղթող լինել ի վերայ զաւրաց Թա-
թարին. եւ բաժանեցին զգլխաւորսն ի վերայ իւրեանց.
եւ այս ոչ թէ ուղորդ խորհեցան եւ կամ խաւսեցան, այլ
առ կատականս. զի պարապ եւ անհոգ էին ի ցաւոց, եւ
այլ թշնամի ոչ գոյր յերկիրն արեւելից, բայց միայն
Տաթարն. որ յամենայն ժամ գային եւ հարկաւ նեղա-
ցուցանէին զՎրաց եւ զՀայոց իշխանքն. յոմանց ուզէին
ոսկի կտաւ. յոմանց՝ բազայ, յոմանց՝ աղէկ շուն եւ ձի.

The king's father, Baron Kostandin, with God-given sons and princes, was armed against the troops of foreigners and enemies of the Cross of Christ. And they kept in constant joy the pious and Christ-crowned king of the Armenians, Het'um, together with his handsome and honorable sons, Lewon [Leo] and T'oros.

Now the goodly and handsome king of the Georgians, Dawit', was in his royal city of Tp'xis, always in great joy and drunkenness, together with his entire kingdom. One day there was a great banquet and merry-making in the king's presence and, as is the custom among the Georgians, there was constant presumption and great boasting.

Then one of the Georgian princes counted up the other princes in the king's presence and said that there were a thousand of them. Some of them had a thousand military cavalry; others had five hundred. This matter became known throughout the entire kingdom while they carelessly sat eating and drinking. When they had counted and numbered the troops of the Armenians and Georgians, they said that their side could conquer the T'at'ars; and they designated chiefs [of the troops] over themselves. Yet this was done as a joke, as they did not think or talk about it seriously. But they were feeling no pain and there was no other enemy in the eastern land except for the T'at'ars who were constantly coming and harassing the princes of the Georgians and Armenians for taxes, taking gold fabric from some, and falcons or good dogs and horses from others;

եւ այդպէս նեղացուցանէին զնոսա՝ զատ ի մալէն եւ ի թաղարէն եւ ի խալանէն. վասն այնորիկ խաւսեցան զայդ, բայց ոչ ուղորդ, այլ՝ ընդ խաղս եւ ընդ կատակս:

Իսկ մի ոմն յայնցանէ որ անդն կային, նմանեալ Յուդայի մատնչին, գնաց եւ մատնեաց Տաթարին. զսուտ բանն իրաւ եւ ուղորդ դարձուցեալ՝ այսպէս ասելով. թէ Վրաց թագաւորն եւ իւր իշխանքն խորհեցան գալ ի վերայ ձեր:

Իսկ նոցա հաւատացեալ սուտ բանին, դարձան ի վերայ աշխարհին, յաւարի առեալ զամենայն ինչս եւ զխաշինսն. բայց զմարդիկն ոչ կոտորեցին առանց հրամանի մեծ Ղանին. եւ ըմբռնեցին զթագաւորն եւ զամեն իշխանքն աղի, մինչ զի ի յայն, որ զմեծ իշխանն Վրաց՝ զորդի Աթաբակ Իւանէի՝ Աւագ անուն, տարան առ դուրս գլխաւորին դագաղաւք. զի ընդ աւուրսն ընդ այնոսիկ հիվանդացեալ էր եւ ոչ կարէր նստեալ ի ձիոյ: Եւ թէպէտ այլ իշխանքն եւ թագաւորն շատ խաւսեցան, ոչ հաւատացին խաւսից նոցայ. եւ ի գերելոյ եւ յաւարելոյ զաշխարհին ոչ դադարէին: Եւ յորժամ տարան զԱւագն դագաղաւք ի դուռն գլխաւորաց Տաթարին, ապա նմա խաւսիցն հաւատացեալ թողացուցին զաշխարհին ի կոտորելոյ, եւ արարին խաղաղութիւն սրտաբեկ եւ ողորմելի քրիստոնէիցն:

Ընդ աւուրսն ընդ այսոսիկ փոխեցաւ ի Քրիստոս աւագ եւ փառաւոր վարդապետն մեր Վանականն, եւ սուգ մեծ եթող մեզ. եւ ոչ թէ միայն մեզ աշակերտելոցս նմայ, այլ եւ ամենայն աշխարհիս. որոյ յիշատակն նորա աւր-հնութեամբ եղիցի. եւ աղաւթք նորա ի վերայ ամենայն աշխարհի եւ յամենայն քրիստոնէից:

in this way [the Mongols] harassed them, in addition to demanding [the taxes] called mal, t'aghar, and xalan. Thus [the princes] talked about these matters in jest and joke, but not seriously.

But one of those present, like unto Judas the betrayer, went and informed the T'at'ars, claiming that what was false was true and correct, and saying that "the Georgian king and his princes were planning to attack you."

However, [the Mongols] believed the false words and turned upon the land taking as booty all the goods and flocks; but they did not kill people, lacking an order from the Great Khan. They seized the king and all the princes of the nation including Awag, son of the great prince of the Georgians, the Atabeg Iwanē. The latter they took to the court of the chief on a litter, since at that time he was ill and could not mount a horse. Despite the fact that the princes and the king did a lot of talking, [the Mongols] did not believe their words, nor did they stop taking captives and looting the land. But when they took Awag on a litter to the court of the chiefs of the T'at'ars, they finally believed what he had to say, stopped wrecking the land, and made peace with the heart-broken, pitiful Christians.

In that period the senior and glorified vardapet, our Vanakan, was translated to Christ, leaving us in great mourning, not only we who were his students, but the whole land. May his memory be blessed and may his prayers be upon the entire land and all Christians.

Ժ

Գլխահամար յարեւելս: Հեթում արքայ Հայոց գնայ առ Մանկու ղանն, եւ մեծարի պատուով: Եւթն որդիք եւթն ղանաց: Խուշ ամբարտաւան: Տ. Ստեփաննոս վանահայր Գերեթն ի վանաց մարտիրոսանայ: Հիւանդանայ Խուշ. Եղեռնագործութիւնք ի պատճառս նորա: Յաջորդէ Ջխուլ Միղան որդի նորա:

Իսկ ի յաւուրսս յայսոսիկ եկն մարախ սաստիկ եւ եկեր զամենայն աշխարհն արեւելից. մինչեւ առհասարակ երկիրս ամենայն յարեւելք եւ յարեւմուտք յահէն զարհուրեալ յԱստուած ապաւինեցան մեծաւ հառաչանաւք. եւ ապա ողորմութեամբն Աստուծոյ զերծաւ աշխարհ ի յահագին ցասմանէն, եւ ետուն փառս Աստուծոյ ամենակալին փրկողին յայնպիսի պատուհասէն: Եւ այս եղեւ ի թուականութեանս Հայոց յեւթն հարիւրն:

Եւ զկնի ցասմանս այսորիկ եկն գլխաւոր մի Տաթար՝ Արղուն անուն, հրամանաւ Մանկու Ղանին. եւ համարեաց զերկիրն արեւելից վասն հարկի. եւ առնուին այնուհետեւ զհարկն ի գլխաթուոյ մարդկանն, քանի որ գրեալ լինէր ի դաւթարն. եւ այսպէս այլ աւիրեցին զաշխարհին արեւելից. զի ի մի փոքր գեղն յիսուն մարդ համարէին, կամ երեսուն. ի ԺԵ տարեկանէն ի վերն զամենն համարէին մինչ ի վացուն տարեկանն. եւ յամէն գլխոց, որ համարէին, վացուն սպիտակ առնուին. եւ թէ ոք փախչէր կամ թաքչէր, յորժամ ըմբռնէին՝ կապէին անողորմ ձեռս յետս եւ դալար գաւազանաւք ծեծէին

X

THE CENSUS IN THE EAST; HET'UM, KING OF THE ARMENIANS, GOES TO MÖNGKE KHAN AND IS EXALTED WITH HONOR; SEVEN SONS OF THE SEVEN KHANS; XUL THE IMPIOUS; THE MARTYRDOM OF LORD STEP'ANNOS, THE ABBOT OF GERET'NI MONASTERY; THE ILLNESS OF XUL, CAUSED BY HIS CRIMINAL ACTS; XUL'S SUCCESSION BY HIS SON, MIGHAN.

In that period a horde of locusts came and ate up the entire eastern land until the whole country, east and west, took refuge in God, terrified with fear, with great sighing. By the mercy of God, the land was freed from the dreadful wrath, and they gave glory to God the Almighty who saved them from such a calamity. This occurred in 700 of the Armenian Era [A.D. 1251].

Following this disaster, a chief of the T'at'ars, named Arghun, arrived on the order of Möngke Khan, and conducted a census of the eastern country for taxation. Thereafter, they took taxes from the folk by the head count which had been written in the *dawt'ar* [recorded], and in this way they further wrecked the eastern land. For in one small village they recorded thirty to fifty men, each [ranging] from fifteen years of age up to sixty. And from each head they counted, they took sixty *spitak*s. When [the Mongols] seized someone who had fled or hidden, they cruelly tied his arms back and beat him with canes

մինչ զի մարմինն ամենայն տրորէր եւ յարենէն շաղախէր. եւ ապա անողորմաբար զկատաղի շներն իւրեանց, զոր սովորեցուցեալ էին ուտել միս մարդոյ, ի ներս թողուին եւ ուտել տային զտառապեալ եւ զչունեւոր քրիստոնեայսն:

Իսկ քրիստոսապսակ եւ բարէպաշտ թագաւորն Հեթում, իբրեւ լսեաց զայս ամենայն բարկութիւնս, որ գործեցաւ ի վերին աշխարհին արեւելից, ապա վասն սիրոյ քրիստոնէից եւս առաւել վասն իւր սեփական երկրիս, գնաց բազում գանձիւք առ Մանկու Ղանն, եւ հոգաց չթողուլ յերկիրս իւր զայսպիսի բարկութիւնս: Եւ յորժամ հասաւ առ Ղանն, կամաւքն Աստուծոյ մեծարեցաւ ի Ղանէն: Եւ արարեալ Ղանն մեծ պատիւ եւ հարկիս թագաւորին Հայոց, եւ զամենայն բանն նորա հոգաց ըստ կամաց նորա. եւ դարձոյց մեծ ուրախութեամբ յաշխարհն իւր:

Իսկ զկնի այսորիկ եւ հասանելոյ թուականին Հայոց յեւթն հարիւր եւ ի վեցն, եկին յարեւելից, ուստի մեծ Ղանն էր՝ Է Ղանի որդիք. ամէն դուման մի հեծելով. եւ մի դումանն էր ԼՌ: Եւ են անուանք նոցա այս. առաջին եւ մեծն ի նոցանէ Հոյ լաւու. որ էր եղբայր Մանկու Ղանին. Բ՝ Խուլն, որ եւ զինքն եղբայր Աստուծոյ ասէր եւ ոչ ամաչէր. երրորդն՝ Բալախէն. չորրորդն՝ Տութարն. հինգերորդն՝ Թագուդարն. վեցերորդն՝ Ղատաղանն. եւթներորդն՝ Բաւրաղանն. եւ էին սոքա անհնազանդք միմեանց եւ յոյժ աներկեղք եւ մարդակերք: Իսկ ի գալն, որ եկին՝ ամէնն կառաւք եկին, եւ կառաւք շրջէին. մինչ զի զլեառն եւ զբլուրս հարթէին աշխարհովն արեւելից վասն հեշտ գնալոյ կառացն եւ սայլիցն:

made of evergreen wood until his entire body was crushed and dripping with blood. At that point they mercilessly brought in their savage dogs which they had trained to eat human flesh and let them eat the defeated, impoverished Christians.

When the Christ-crowned, pious King Het'um heard of all these outrages being committed in the upper lands of the east, out of his love for the Christians and more so for his own country, [he] went to Möngke Khan with many gifts and concerned himself that his country not be exposed to such violence. When he reached the khan, by the will of God, he was honored by him. The khan treated the king of the Armenians with great honor and homage and saw to all of his concerns in accordance with [Het'um's] wishes. Then he returned to his own land with great joy.

After this, when the year 706 A.E. [A.D. 1257] had come, seven of the khan's sons, each with a *duman* of cavalry—one *duman* comprising thirty thousand[14]—arrived from the east, where the Great Khan dwelt. Here are their names: the first and greatest of them, Hulagu, who was the brother of Möngke Khan; the second, Xul, who styled himself the brother of God and was shameless; the third, Balaxe'n; the fourth, Tut'ar; the fifth, T'agudar; the sixth, Ghataghan; and the seventh, Bawraghan. They were disobedient toward each other, very fearless, and man-eaters. They all came and traveled about in wagons to the point that they leveled the mountains and hills of the eastern country to facilitate the movement of their wagons and carts.

---

14   Grigor equates a duman to 30,000. However, a tümen was a Mongol unit of 10,000. It is therefore unclear whether Grigor means 30,000 per unit or in total.

Իսկ այն գլխաւորն, որ զինքն եղբայր Աստուծոյ ասէր, եկն ընդ մէջ երկրին եւ կոխեաց անողորմաբար զտառապեալ քրիստոնեայսն. եւ զփայտէ խաչ, ուր եւ գդանէին ի ճանապարհս եւ ի լերինս կանգնեալ, զամէնն այրէին, եւ ոչինչ իրաւք ոչ յագենային. այլ զվանորայսն, որ կային յերկիրն, ուր եւ գդանէին, առաւել եւս կոխէին ուտելով եւ ըմպելով: Եւ զպատուական քահանայսն կախէին եւ ծեծէին անողորմաբար:

Իսկ գլխաւոր մի ի Խուլին հեծելէն գնաց ի վանք մի որ ասի Գերէթին. եւ էր հայր վանիցն ալեւոր եւ ծեր յոյժ, ընտրեալ եւ սուրբ եւ առաքինի, եւ ամենայն վարուք եւ բարի գործովք կատարեալ, Ստեփաննոս անուն: Եւ նա, յորժամ ետես զգլխաւոր Տաթարն, որ գնայր առ նա ի վանքն, էառ գինի ամանով ինչ, եւ գնաց ընդդէմ Տաթարին, եւ բռնեաց տզղու, որպէս սովորութիւն է Տաթարին: Եւ ապա յետ այնորիկ տարեալ ի վանքն եւ նստուցեալ, հանդերձ այլ հեծելաւքն, որ կային զկնի գլխաւորին, եւ զենեաց ոչխար. եւ էբաց այլ գինի, եւ յագեցոյց ուտելով եւ ըմպելով զամենն. մինչ զի բռին կարէին դադարել ի ձիանն. եւ յերեկոյին արբեալ գնացին ի տունս իւրեանց. զի հուպ առ վանքն էր տուն Տաթարին:

Իսկ յորժամ հասին ի տունս իւրեանց եւ ննջեցին զգիշերն, ընդ առաւաւտն զարթուցեալ տեսին զգլխաւորն հիւանդ յոյժ. եւ յորժամ հարցին թէ վասն ի՞նչ պատճառի է հիւանդութիւնդ, ասաց գլխաւորն, թէ երէցն դեղեաց զիս յերեկոյն: Եւ էր անմեղ երէցն. բայց վասն խարբ եւ յանյագ ըմպելոյն իւրեանց՝ այնպէս հանդիպեցաւ: Եւ առ ժամայն յուղարկեցին եւ կապանաւք տարան զհրաշալի ծերն՝ զհայրն Ստեփաննոս. եւ յետ շատ հարց եւ փորձի,

Now the chief, who called himself the brother of God, came into the midst of the country and mercilessly trampled the miserable Christians; and they burned all the wooden crosses wherever they came upon them erected on the roads and in the mountains. Yet nothing satisfied them. Indeed, they plundered even more those monasteries they came upon in the country by eating and drinking. They mercilessly hung up the venerable priests and beat them.

A chief from Xul's cavalry went to a monastery called Geret'i. Its abbot was named Step'annos, white-haired and old, very select, holy, and virtuous in behavior, and accomplished in good deeds. When he saw the chief of the T'at'ars coming toward him at the monastery, he took a vessel of wine and went before the T'at'ar holding *tzghu*, as is the T'at'ar custom. After this, [Step'annos] took them to the monastery and seated them together with other cavalrymen who were following their chief. He slaughtered a sheep, opened other wine, and satiated them all with eating and drinking to the point that [the Mongols] could barely stay on their horses. At night, drunk, they went to their dwellings, since the T'at'ars' camp was close to the monastery.

After reaching home and sleeping the night, in the morning they saw that their chief was very ill. When they asked him the cause of the sickness, the chief replied that "the priest drugged me last night." The priest was innocent of this; rather it was from their wicked, insatiable eating and drinking that he had become ill. They immediately went [to the monastery] and brought back the marvelous old father Step'annos, shackled. After much questioning and probing,

եւ նոցա ոչ հաւատալոյ, ի չորից կողմանց փայտ ցըցեցին, եւ պրկեցին անողորմաբար զանպարտն ի յայն բանն՝ ի գետնոյն բարձր իբրեւ կանգնաւ չափ. եւ ապա հուր վառեալ ի ներքոյ՝ այրեցին եւ խորովեցին զամենայն մարմինն նորա, մինչեւ աւանդեաց զհոգին հրաշալի ծերն Ստեփաննոս: Եւ յայտնապէս նշան եւ սիւն լուսոյ տեսին ի վերայ երանելի հաւրն Ստեփաննոսի, որ այնպէս անմեղ եւ ի զուր նահատակեցաւ, եւ ընդ սրբոց մարտիրոսացն պսակեցաւ:

Իսկ պեղծ եւ անողորմն գլխաւորն այն, զատ ի ցաւէն, որ ունէր, հարեալ ի դիւէ, մինչ զի կատաղեալ ուտէր զպեղծ մարմինն իւր. եւ այնպիսի չարչարանաւք եւ դառն հարուածով սատակեցաւ: Նոյնպէս եւ ամենայն բանակն անկան ի չար ախտ, եւ բազումք սատակեցան ի նոցանէ: Եւ թէպէտ այս այսպէս գործեցաւ, նոքա ոչ վախէին յԱստուծոյ. այլ յամառեալք հանապազ զխղճի եւ զդառն արտասուաց բանս գործէին. զի մեծ գլխաւորն իւրեանց Խուլն այն՝ որ ամպարտաւանեալ նման եւ եղբայր Աստուծոյ ասէր զինքն, անկաւ նա ի ցաւ նկրսոյ. եւ այն ցաւին պատճառաւ անպատմելի խեղճ եւ ողորմ բան գործեցաւ: Զի գնացին անհաւատ ջհուտ մի բժիշկ գըտան, եւ բերին առ Խուլն. եւ յորժամ ետես զցաւ նորայ անաւրէն եւ սուտ բժիշկն այն, ասաց դեղ ցաւին զշեկ տղայի փորն կենդանոյն ճեղքել, եւ դնել զոտն ի փոր տղայոյն: Եւ նոյն ժամայն հանեալ հեծել յերկրին, յանկարծակի մտանէին ի գեղանն քրիստոնէից եւ առնըւին զտղայսն ի փողոցէն. եւ գայլու պէս փախցնուին. եւ ծնողք մանկանցն զկնի գնային ճիչ եւ աղաղակ բարձեալ դառն եւ ողորմ արտասուաւք, եւ ոչ կարէին թափել.

[the Mongols] did not believe him. They put four wooden stakes into the ground and mercilessly tied the blameless man to them, some distance off the ground. Then they lit a fire and roasted his entire body until the marvelous old Step'annos expired. They clearly saw a sign and column of light over the venerable father Step'annos who was so innocently and pointlessly martyred, crowned among the blessed martyrs.

Now that obscene and merciless chief, aside from the pain he had, was possessed by a *dev* such that he devoured his own vile flesh in frenzy. And thus did he perish, with torments and bitter blows. Similarly, the entire army fell to the wicked illness, and many of them perished from it. Although this is what happened, [the Mongols] did not fear God but instead persisted in constantly working deeds of cruelty and bitter tears. Their great chief, Xul, the same one who immodestly claimed he was like unto and the brother of God, fell sick with gout. As a result of this illness, he committed an indescribably evil and lamentable deed. They went and found an unbelieving Jewish doctor and brought him to Xul. When that impious and false doctor saw his illness, he stated the antidote: the stomach of a red-haired boy should be split open while [the boy] was still alive, and [Xul] should place his foot into the boy's stomach. [The Mongols] immediately sent horsemen into the country who entered Christian villages snatching boys off the streets then fleeing like wolves. The children's parents went after them screaming and shrieking loudly and shedding bitter, pitiful tears, but were unable to get them free.

այլ յետս դարձեալ գնային ողորմելի սրտով ի տունս իւրեանց: Եւ թէ բռնադատեալ խլէին զմանկունս յայն ժամն նետաձիգ լինէին ի ծնողս մանկանցն. եւ այսպէս ողորմելի բանս եղեւ ի ձեռն անաւրէն ջհտին. մինչ զի յերեսուն տղայն հասաւ թուով, որ ճեղքէին զփորն, եւ ոչ լաւացաւ: Այլ իբրեւ գիտաց անաւրեն Խուլն թէ այնչափ խեղճս արար եւ ոչինչ աւկտեցաւ, ապա յետոյ բարկացեալ վասն խղճի տղայոցն, հրամայեաց բերել զջըհուտ հեքիմն. եւ իւրեանն առաջի ճեղքել զփորն եւ ըսկեննուլ շանց. եւ առժամայն արարին զհրամայեալսն: Բայց ինքն Խուլն յետոյ այլ սատակեցաւ չար մահուամբ, եւ նստաւ ի տեղի Խուլին՝ Միղան անուն որդին իւր:

Instead, they turned back to their homes, with sorrowing hearts. If they forcibly seized their children, [the Mongols] shot arrows at the parents. Thus, did this pitiful event occur by the hand of the impious Jew, until they reached the figure of thirty boys with stomachs torn open, and still he did not get better. Instead, when the impious Xul realized that he had committed such gruesome acts and nothing had helped, he then grew angry out of pity for the boys. He commanded that the Jewish *hakim*[15] be brought before him, have his stomach cut open and fed to the dogs. And [the Mongols] did so at once. But after this, Xul himself perished with an evil death. His son, Mighan, then sat in Xul's place.

---

15 *hakim*: healer.

ԺԱ

Առումն Պաղտատայ եւ գերութիւն խալիփային: Անձնատուր լինի եւ քաղաքն Մարտիրոսաց: Աջ սուրբ առաքելոյն Բարդուղիմեոսի:

Յետ այսորիկ արարին ժողով մեծ հին եւ նոր հեծելոց եւ Վրաց եւ Հայոց հեծելոյն, եւ անթիւ բազմութեամբ գնացին ի վերայ Պաղտատ քաղաքի. եւ յորժամ հասին ի տեղին, առժամայն առին զքաղաքն մեծ եւ անուանի զՊաղտատ, լցեալ բազում մարդաւք եւ պատուական գանձիւք եւ անթիւ ոսկւով եւ արծաթով: Եւ յորժամ առին, յանխնայ կոտորեցին, եւ գերեցին զբազումս. եւ լցան առ հասարակ հեծեալն ամենայն պատուական հանդերձիւք եւ խալիփատի ոսկւով: Ընբռնեցին եւ զԽալիփայն, զտէրն Պաղտատայ, իւր ամենայն գանձիւքն եւ բերին առաջի Հուլաւոյն՝ գիրացած եւ սոնքացած: Եւ յորժամ ետես Հոյլաւունն՝ հրամայեաց, թէ «դո՞ւ ես տէրն Պաղտատայ». եւ նա ասաց թէ՝ «ես եմ»: Եւ ապա հրամայեաց դնել ի բանդի զերեք աւր, անհաց եւ անջուր: Եւ յետ երեք աւուրն հրամայեաց բերել առաջի իւր, եւ եհարց Հուլաւունն զխալիփայն, թէ «ի՞նչ ցեղ կաս»: Եւ նա ցասմամբ պատասխանի արար, իբր թէ վախեցնելով զՀոյ լաւունն, ասէ. «Ա՞յդ էր ձեր մարդկութիւնդ, որ ես երեք աւր յանաւթի կենամ». զի յառաջագոյն ասացեալ էր Խալիփայն ցքաղաքացիսն թէ «մի՛ վախիք, թէ լինի ու Տաթարն գայ, զՄահմետի դրաւշէն ի դուրս բերեմ, որ Տաթարին հեծեալն ամէն անցնի եւ մեք ապրիմք». եւ զայս լուեալ էր Հուլաւին եւ յոյժ բարկացել: Եւ ապա հրամայեաց Հուլաւունն տապաղ մի կարմիր

XI

THE TAKING OF BAGHDAD AND THE CAPTURE OF THE CALIPH; ALSO, THE SURRENDER OF THE CITY OF MARTYROPOLIS, AND THE [DISCOVERY OF] RIGHT [HAND] OF THE BLESSED APOSTLE BARTHOLOMEW.

After this, [the Mongols] convened a great assembly of the old and new cavalry of the Georgians and Armenians and went against the city of Baghdad with a countless multitude. Arriving on the spot, they immediately took the great and renowned city of Baghdad filled with many people, precious treasure, and gold and silver without measure. When they took it, they destroyed mercilessly and took many people captive. The cavalry loaded up with all the precious garments and the Caliph's gold. They also seized the Caliph, the lord of Baghdad with all of his treasures, and brought him, fat and stout, before Hulagu. When Hulagu saw him, he asked: "Are you the lord of Baghdad?" And [the Caliph] replied: "I am." He ordered him placed in jail for three days without bread or water. After three days, he ordered him brought into his presence. Hulagu asked the Caliph: "What sort [of man] are you?" [The Caliph] responded wrathfully as though to scare Hulagu, saying: "Is keeping me hungry for three days your humanity?" For previously the Caliph had said to the residents: "Fear not. Should it happen that the T'at'ars come, I shall bring out the banner of Mahmet so that all the T'at'ar cavalry flee and we shall live." When Hulagu heard about this, he became extremely angry. Then Hulagu ordered that a plate of red

ոսկի բերել եւ դնել առաջի։ Եւ յորժամ բերին, ասաց Խալիփէն, «այս ի՞նչ է»։ Ասաց Հուլաւունն, թէ «ոսկի է, կե՛ր, որ քաղցդ եւ ծարաւդ անցանի, եւ կշտանաս»։ Ասաց Խալիփայն. թէ «ոսկւով ոչ ապրի մարդն. այլ հացով եւ մսով եւ գինւով»։ Ասաց Հուլաւուն ցԽալիփէն, «երբ գիտես զայդ, որ մարդն չոր ոսկւով չապրի, այլ հացով եւ մսով եւ գինով. դու այդչափ ոսկի է՞ր չուղարկեցէր ինձ ընդդէմ, որ ես չէի եկել, ու զքո քաղաքս աւիրել, ու զքեզ կալել. ու դու քեզ անհոգ նստեալ էիր կերել եւ խմել»։ Եւ ապա հրամայեաց Հուլաւուն զաւրացն՝ ոտիք տալ եւ այնպէս սպանանել զԽալիփայն Տաճկաց։ Եւ գնացին բազում գանձիւք եւ աւարաւ յաշխարհն արեւելից։

Եւ ի գալ ամին եկին ի վերայ Մուփարղնին, եւ ոչ կարացին առնուլ զնա. զի ամրագոյն շինեալ էր զնա սուրբն Մարութայ՝ քաղաք Մարտիրոսաց, եւ ամենայն սրբոց ժողովեաց նշխարս եւ եդ ի նմա. եւ ամրագոյնս պարսպեաց զնա, եւ անուանեաց զնա Քաղաք Մարտիրոսաց. որ մինչեւ ի ժամանակ Տաթարիս այլ ոչ ոք կարաց առնուլ զնա առանց սիրոյ։ Եւ ապա երկայնամիտ զաւրք Տաթարին ի հէսար արկեալ, մինչ ի սովոյ կերան ամնն զմիմեանս. եւ ասէին թէ իշու գլուխ մի եղեւ յերեսուն դրամ. եւ այսպէս նեղութեամբ ի հսար արկեալ զերիս ամս՝ կալան զքաղաքն Մարտիրոսաց. որ եւ Հայոց զաւրքն, որ կային ընդ Տաթարին, բազում նշխարս գտեալ ի սրբոցն տարան յաշխարհն իւրեանց։

gold be brought and placed before [the Caliph, Al-Musta'sim]. When they had brought it, the Caliph asked: "What is this?" Hulagu replied: "It is gold; eat so your hunger and thirst will pass, and you become full." The Caliph said: "Man does not live by gold, but by bread, meat, and wine." Then Hulagu said to the Caliph: "Since you know that man does not live by gold but by bread, meat, and wine, why did you not send so much gold to me? [Then] I would not have come and destroyed your city and captured you. [Instead] you sat eating and drinking, without a care." Then Hulagu ordered that he be given to the feet of the troops, and thus perished the Caliph of the *Tachiks*. They then went to their land in the east with much treasure and booty.

The next year they came against Mayyafariqin but were unable to take it, for Saint Marut'a had built the city of Martyropolis [Silvan] very securely and had gathered relics of all the saints. He walled it strongly and named it the "city of Martyrs" and, until the time of the T'at'ars, no one was able to take it without [the city's] acquiescence. The patient T'at'ar troops besieged it until all [the inhabitants] were eating each other out of hunger. It is said that the head of an ass fetched thirty drams. Thus, after putting the city into straits for three years, [the Mongols] took Martyropolis. The Armenian troops who were among the T'at'ars found many relics of the saints there and took them to their own land.

CHAPTER XI

Իսկ մեծ իշխանն Հայոց Թաղէադին անուն յազգէն Բագրատունեաց ընբռնեալ երէց մի Ասորի եւ ի խոստ ածեալ, եգիտ զԱջ սրբոյ առաքելոյն Բարդուղիմէոսի. եւ տարեալ մեծաւ ուրախութեամբ յաշխարհն իւրեանց յարեւելք եւ եդ ի վանս իւր: Եւ յետոյ հարկեալ ի մեծ իշխանէն Արծրունեաց՝ որ ասի Սադուն անուն, ետ նմա: Եւ առեալ Սադունն՝ տէրն Հաղբատայ մեծ եւ հռչակաւոր սրբոյ ուխտին, եդ զՍուրբ Աջն Բարդուղիմէոսի Առաքելոյն ի Սուրբ Ուխտն Հաղբատ. եւ է անդ ստուգապէս:

Now the great prince of the Armenians named T'agheadin from the Bagratuni clan seized an Assyrian priest and had him confess that he had found the right [hand] of the blessed apostle, Bartholomew. With great joy, [T'agheadin] took this to his land in the east and placed it in his monastery. Subsequently, forced by the great prince of the Artsrunik' named Sadun, he gave [the relic] to him. Taking it, Sadun, lord of Haghbat's great and renowned and blessed congregation, placed the blessed right [hand] of the apostle Bartholomew in the holy monastery of Haghpat. And it really is there.

ԺԲ

Նստի ղան Հուլաւուն հրամանաւ Մանկու ղանին, անհնազանդութիւն եւ պատիժ չորիցն՝ յեւթանց որդւոց եւթն ղանացն. կրկին ըմբիշք եւ ըմբշամարտ:

Իսկ Է Ղանիորդիքն, որ եկին եւ առին զՊաղտատ քաղաք, եւ լցան բազում գանձիւք ոսկւով եւ մարգարտով, ոչ հնազանդէին միմեանց, այլ կայր ամենայն գլխաւոր իւր սրտովն մեծ, եւ անասախ աւիրէին եւ կոխէին զաշխարհն արեւելից:

Իսկ մեծ իշխանն եւ անուանի ի նոցանէ որում անուն էր Հուլաւու, եւ էր սայ եղբայր Մանկու Ղանին, որպէս յառաջագոյն ասացաւ: Սա յուղարկեաց առ Մանկու Ղան եղբայրն իւր ի բուն արեւելք. եւ այսպէս պատուիրեաց գնացելոցն, թէ մեք եկաք այս եւթն դումանագլուխքս Աստուծոյ եւ ձեր ուժով. եւ զհին հեծելն՝ զԹեմայչիքն հանաք աստի, եւ գնացաք առաք զՏաճկանց քաղաքն զՊաղտատ, եւ շատ իրաւք դարձաք Աստուծոյ եւ ձեր ուժով: Հէմ այլ ի՞նչ հրամայէք մեզ. թէ այս ցեղ անասախ եւ անգլխաւոր կենանք, այս աշխարհս աւիրի, ու Չանկըղանին հրամանքն չլինի. զի նա հրամայեաց զմեր հնազանդեալ եւ զմեր սիրով կալեալ զաշխարհն շինել, եւ ոչ աւիրել: Եւ այլ հրամանքն առ ձեզ է, զինչ մեզ հրամայէք՝ մեք զայն առնեմք: Եւ այսպիսի խաւսաւք գնացին ելչիքն առ Մանկու Ղանն ի Հուլաւէն:

XII

BY THE ORDER OF MÖNGKE KHAN, HULAGU IS SEATED AS KHAN; THE DISOBEDIENCE AND PUNISHMENT OF FOUR OF THE SEVEN SONS OF THE KHAN; TWO WRESTLERS AND THEIR MATCH.

Now the seven sons of the khan who had come and taken the city of Baghdad and had filled up with much treasure of gold and pearls, did not obey each other. On the contrary, each chief lived by his mighty sword and they ruined and trampled the eastern land, without *yasaq*.[16]

The great Prince Hulagu, who was renowned among them, was also, as we said, Möngke Khan's brother. He sent to his brother Möngke Khan in the Far East and described the goings on. "With God's aid and yours, we came here, seven *heads of dumans.*[17] We removed the old T'emaych'ik' cavalry from here, went and took the *Tachik* city of Baghdad and left it, carrying off much booty, with God's aid and yours. What else do you order us to do? For if we remain in this way without *yasax* and headless, the land will be ruined and Ch'ankěz Khan's commands will not be realized. For he ordered us to subdue and hold the land through affection, not to ruin it. But now the command is with you. We will do whatever you order us to." [Entrusted] with such words, the *elch'is*[18] went from Hulagu to Möngke Khan.

---

16 *without yasaq*, i.e., impunitively.

17 Seven "heads of dumans" refers to seven divisions of soldiers, each one numbering 10,000 or 30,000.

18 *elch'is:* ambassadors.

CHAPTER XII

Եւ յորժամ հասին ի տեղին ելչիքն, եհարց Մանկու Ղանն զեղբաւրէն. եւ նոքա ասացին զհրամայեալսն ի Հուլաւէն: Իբրեւ լուաւ զասացեալսն Մանկու Ղանն, ապա հրամայեաց իւրոց արղուչեացն, այսինքն դատաւորացն, թէ գնացէք եւ դրէք զՀուլաւունն զեղբայրն իմ Ղան յերկիրն յայն. եւ որ ոչ հնազանդի նմա զայն յասախն հասուցէք մեր հրամանաւ: Իսկ եկեալ արղուչեացն հրամանաւ Մանկու Ղանին. արարին մեծ խուռութայ, եւ կոչեցին զամէն գըլխաւորսն որ եկեալ էին զկնի Հուլաւոյն. կոչեցին զՎրաց թագաւորն իւր հեծելովն, կոչեցին զԲաչոյն իւր հեծելովն, եւ եդին բանս ծածուկս ի լսելիս նոցայ. եւ ի վերայ այսորիկ կոչեցին արղուչիք Մանկու Ղանին մեծ ելչաւք, զՂանի որդիքն, զԲալախէն, զՏութարն, զՂատաղանն, զԲաւրաղանն, զԹէգո ւդարն, զՄիղանն, որ էր որդի Խուլին:

Եւ իբրեւ ամէն ի միասին ժողովեցան, յայնժամ ասացին արղուչիքն զհրամայեալն ի Մանկու Ղանէն: Իսկ իբրեւ լուան Ղանի որդիքն, թէ Հոյլաւին կամի Ղան նստել, բարկացան չորսն եւ ոչ կամեցան հնազանդել Հուլաւոյն: Իսկ Թակուդարն եւ Բաւրաղանն հնազանդեցան Հոյլաւունին. եւ Բալախայն, եւ Տութարն, եւ Ղատաղանն, եւ Միղանն ոչ հնազանդեցան: Իբրեւ գիտացին արղուչիք Մանկու Ղանին, թէ այս չորսս չեն հնազանդելոց. այլ կամին կռուել ընդ Հուլաւունին. ապա հրամայեցին զԲալախէն, եւ զՏութարն. եւ զՂատաղանն յասախն հասուցանել. այսինքն՝ աղեղան լարով խեղդել. զի նոցայ աւրէնք է զխանն այնպէս սպանանել: Իսկ Միղանն, որ էր որդի Խուլին, եւ էր տիաւք տղայ, զնա կալան եւ եդին ի բանդ ի մէջ Աղի Ծովոյն, որ կայ ի Հեր եւ ի Զարաւանդ գաւառի:

When the *elch'is* reached their destination, Möngke Khan inquired about his brother and [the *elchi's*] related what Hulagu had commanded them to say. When Möngke Khan heard it, he ordered his *arghuches*, that is, judges, to "Go and put my brother Hulagu [in the position of] khan of that country. Impose the *yasaq* on whomever does not submit to him." By order of Möngke Khan the *arghuches* arrived, held a great *kurultai*, and summoned all the chiefs who had followed Hulagu. They also summoned the king of the Georgians with his cavalry; they summoned Baiju with his cavalry and acquainted them with these confidential matters. Additionally, by means of great messengers, the *arghuches* of Möngke Khan summoned the khan's sons: Balaxē, Tut'ar, Ghataghan, Bawraghan, T'agudar, and Mighan, who was Xul's son.

When all of them had assembled, the *arghuches* revealed Möngke Khan's orders. When the khan's sons heard that [Möngke Khan] wanted Hulagu seated as khan, four of them grew angry and did not want to submit to Hulagu. Now T'agudar and Bawraghan submitted to Hulagu while Balaxay, Tut'ar, Ghataghan, and Mighan did not. When the *arghuches* of Möngke Khan realized that these four would not obey, but rather wanted to fight with Hulagu, they ordered that the *yasaq* be imposed on Balaxe'n, Tut'ar, and Ghataghan; that is, they were strangled with a bowstring, for it is their law that a khan be killed in this manner. As for Xul's son, Mighan, who was a young boy, they seized him and put him into jail [on an island] in the sea [Lake Urmia] which lies in the district of Her and Zarawand.

Եւ դարձեալ հրամայեցին արղուչիք Մանկու Ղանին՝ Հայոց եւ Վրաց զաւրացն. նոյն եւ Հուլաւունին զաւրացն, գնալ ի վերայ զաւրաց նոցա եւ յանխնայ կոտորել զնոսա, զոր եւ արարին իսկ: Եւ այնչափ կոտորեցին մինչ զի նեխեցաւ լեառն ի դաշտի կոտորեալ մարմնոց Տաթարին: Իսկ երկու գլխաւոր, միոյն Նուխաքաւուն անուն, եւ միւսոյն Արաղամուր, յառաջագէտ եղեն, եւ առին ԲԺՌ հեծեալ, եւ բազում գանձս եւ ոսկիս. եւ աղէկ ձի, որչափ կարացին եւ փախեան եւ գնացին անցան ընդ մեծ գետն, որ ասի Կուր. եւ մինչ ի յերկիրն իւրեանց, ուստի եկեալ էին, այլ ոչ դադարեցան. եւ յերկրէն իւրեանց զԲերրքէն աւգնական կալան իւրեանց, որ էր եղբայր Սային Ղանին, եւ բազում ոճիրս գործեցին զամս Ժ:

Իսկ արղուչիք Մանկու Ղանին, որ եկեալ էին մեծ իասախով, եդին զՀուլաւուն ղան մեծ պատուով. եւ եղեւ խաղաղութիւն առ ժամանակ մի: Զի էր Հուլաւունն Ղանն յոյժ բարի, սիրող քրիստոնէից, եւ եկեղեցւոյ, եւ քահանայից. նոյնպէս եւ աւրհնեալ կինն իւր՝ Տաւղուս խաթունն, զի յամենայնի բարի էր եւ ողորմած առ աղքատս եւ կարաւտեալս եւ յոյժ սիրող ամենայն քրիստոնէից՝ Հայոց եւ Ասորոց. մինչ զի վրանէ եկեղեցի եւ ժամահար շրջեցուցանէր ընդ ինքեան, եւ բազում քահանայս Հայ եւ Ասորի: Իսկ լուեալ զայս բարեպաշտ թագաւորն Հայոց Հեթում, թէ Հուլաւունն Ղան նստաւ եւ այնպէս բարեսէր է, եւ քրիստոնեասէր. ապա եւ ինքն Հայոց թագաւորն գնաց յարեւելք բազում ընծայիւք, եւ ետես զՀուլաւուն Ղանն. եւ տեսեալ Ղանն զՀայոց թագաւորն՝

HISTORY OF THE NATION OF ARCHERS

Again, the *arghuches* of Möngke Khan ordered the Armenian and Georgian troops, as well as Hulagu's troops, to go against their forces and mercilessly destroy them, which they did. They killed so many that the mountain and plain putrefied from the bodies of slain T'at'ars. Now there were two chiefs, one named Nuxak'awun and the other Aradamuk', who had been apprised of matters beforehand. Taking twelve thousand cavalry and as much treasure, gold, and good horses as they could, they fled and crossed the great Kur River. They did not stop until they reached their own country, whence they had come. From their own country they got Berk'ē to aid them—[Berk'ē] who was the brother of Güyük Khan—and for ten years they wrought much evil.

Now the *arghuches* of Möngke Khan who had come with a great *yasaq* installed Hulagu with great ceremony. Then there was peace for a time, since Hulagu Khan was extremely good, a lover of Christians and the Church and clerics. The same was true of his blessed wife, Doquz *khatun*, who was good in every way and merciful toward the poor and needy, and very much loved all Christians, Armenian and Syrian, to the point that she circulated around with a tent church and bell-ringer and many Armenian and Syrian priests. When Het'um, the pious king of the Armenians, heard that Hulagu had been enthroned and that he was so goodly and philo-Christian, he himself, the king of the Armenians, went to the east with many gifts and saw Hulagu Khan. When the khan saw the king of the Armenians,

յոյժ սիրեաց եւ պատուեաց զնա, եւ կրկին ազատութիւն գրեաց թագաւորութեանն նորա, եւս առաւել եկեղեցեաց եւ եկեղեցականաց, եւ ամենայն քրիստոնէից երկրիս: Եւ այսպիսի պատուով եւ մեծաւ հարկեաւք առաքեաց զթագաւորն Հայոց յաշխարհն իւր:

Այլ եւ բազում թագաւորք եւ սուլտանք եկին նմայ ի հնազանդութիւն բազում ընծայիւք. եւ մեծացաւ Հուլաւուն Ղանն եւ հարստացաւ այնքան, որ ոչ գոյր թիւ հեծելոց եւ զաւրաց նոցայ. Նոյնպէս եւ ամենայն իրաւք. զի պատուական ակն եւ մարգարիտն իբրեւ զաւազ ծովու էր առաջի նորայ. թող զայլ ցեղ մեծութիւն եւ զբազմութիւն ոսկոյ եւ արծաթոյ. եւ ձիոց եւ հաւտից, որոց ոչ գոյր չափ եւ թիւ:

Իբրեւ գիտաց Հուլաւուն Ղանն թէ երետ նմայ Աստուած ղանութիւն եւ մեծութիւն եւ բազմութիւն զաւրաց եւ հեծելոց եւ զամենայն ընչից: Յայնժամ հրամայեաց դարապաս շինել իւր՝ մեծ ծախաւք ի Դառն դաշտին զոր կոչեցին իւրեանքն զանուն տեղւոյն Ալատաղ. որ էր զառաջն տեղին այն նստոց ամարան մեծ թագաւորացն Հայոց, այսինքն՝ Արշակունեացն: Եւ էր ինքն Հուլաւու Ղանն մեծախելք, մեծամիտ դատաւոր, ամենեւին գիտուն եւ յոյժ արեննհեղ. բայց զչարսն եւ զթշնամիսն սպանանէր, եւ ոչ զբարիսն եւ զբարեսէրսն: Սիրէր առաւել զազգ քրիստոնէից քան զայլազգեաց: Եւ այնչափ սիրեաց զքրիստոնեայսն, որ զմի տարեան հարկն խոզ էառ ի Հայոց գոճէ մայր ՃՌ. եւ յամեն տաճիկ քաղաք

he liked him a lot and honored him, and again wrote [edicts granting] freedom for his kingdom and even more so for the Church and the clergy and all Christians of the country. And with such honor and great wealth, he sent the king of the Armenians back to his land.

Many other kings and sultans also came to him in submission with numerous gifts, and Hulagu Khan grew greater and richer to the point that there was no counting his cavalry and troops. The same applied to all his possessions: precious stones and pearls were like the sand of the sea before him; and beyond these [he possessed] a vast amount of gold, silver, horses, and flocks, which could not be measured.

Once Hulagu Khan realized that God had given him the *khanate*, greatness and multitude of troops, cavalry and all things, he ordered a palace constructed for himself at great expense in the plain of Dar'n, a place which they called in their language Alatagh, which previously had been the summer residence of the great kings of the Armenians, that is, the Arsacids. Hulagu himself was an intelligent, learned judge, knowledgeable about everything. He was quite a bloodshedder, but it was the evil people and enemies he killed, not the good and benevolent. He loved the Christians more than the foreigners. He liked the Christians so much that he took as one yearly tax from the Armenians one hundred thousand swine and sent two thousand of them to each *Tachik* city

CHAPTER XII

ԲՌ առաքեաց եւ հրամայեաց դնել տաճիկ խոզարածս, եւ յամէն շաբաթ դիր մի սապոնով լուանալ. եւ զատ ի յարաւտոյն, ամէն վաղ եւ երեկոյ տալ նուշ եւ ամպրաւ խոզիցն ուտելոյ. եւ տաճիկ մարդ, եթէ մեծ եւ եթէ փոքր, որ ոչ ուտէր միս խոզի՝ զգլուխն կտրիւր, եւ այսպէս պատուէր զտաճկունք: Եւ այս եղեւ ի խրատուէ զաւրացն Հայոց եւ Վրաց, զի յոյժ սիրէր Հուլաւու Ղանն զզաւրքն Հայոց եւ Վրաց. վասն կարի քաջութեան իւրեանց, զոր առնէին առաջի նորա յամենայն պատերազմունս. վասն որոյ Բահադուրս անուանեաց զնոսա. զի զգեղեցիկ եւ զերիտասարդ որդիս մեծ իշխանացն Հայոց եւ Վրաց ընտրեաց եւ կացոյց դռնապանս իւր, եւ անունեաց զնոսա Քէսիկթոյք. որք են դռնապանք՝ սրով եւ աղեղամբ:

Սկսաւ եւ զաւեր տեղիսն եւ զգեաւղարէսն շինել. եւ յամեն շէն գեղէ մէկ տնուոր հանէին. ի փոքրէն՝ մէկ, ի մեծէն՝ երկու կամ երեք եւ անուանեաց զնոսայ իամ: Եւ առաքէր զնոսա յամէն աւեր տեղիսն առնել շինութիւն. եւ ամենեւին հարկ ոչ տալ, բայց միայն հաց եւ թան ճանապարհորդ Տաթարի: Այսպիսի կարգաւք հաստատեաց զիւր ղանութեան աթոռն. եւ ինքն նստաւ յուտել եւ յըմպել բազում ուրախութեամբ:

Ընդ աւուրսս ընդ այսորիկ եկն այր մի ի Մանկու Ղանէն Մուղալ ազգաւ, եւ էր այրն այն յոյժ ահագին տեսողացն, երկայն հասակաւ, թիկնեղ, շլնին՝ զերդ զգոմիշու, ձեռներն՝ անճոռնի իբրեւ զարջու, եւ ամէն աւրեն ուտէր ոչխար մի. եւ ունէր ի Մանկու Ղանէնի հետ գիր եւ անգին կապա մի. եւ գրեալ էր ի գիրն այսպէս. Այս անուն բաւքայ երեկ առ իմ եղբայր Հուլաւու Ղանդ. թէ լինի ոք բաւքայ, որ զդա ձգէ, զայդ կապէդ նմա հագոյ. ապա թէ իմ բաւքէդ զքոյնն ձգէ, յայնժամ զկապէդ դմա հագոյ. եւ մեծ ելչւով յիս յղարկեայ:

with the order that the *Tachiks* be swinherds and that every Saturday they wash the pigs with soap and, aside from their daily feeding, give them almonds and dates morning and evening. Those *Tachik* men, great and small, who did not eat pork were decapitated, and thus did he honor the *Tachiks*. This was as schooling for the Armenian and Georgian troops, for Hulagu Khan liked them much because of the bravery they had displayed before him in all battles. Therefore, he styled them *Bahaturs*. He chose the handsome and young sons of the princes of the Armenians and Georgians and set them up as his guards, calling them *K'ešikt'oyk'*, who are the guards with sword and bow.

He also started to rebuild the destroyed places, and from each cultivated village they took one householder: one from the small [villages], two or three from the large ones, and called them Iam. And he sent them to all the ruined places to undertake construction. They paid no tax whatever, but [provided] only bread [food] and t'an [a yogurt beverage] for traveling T'at'ars. With such arrangements he established the seat of his khanate, while he himself sat eating and drinking with great joy.

During these days a man came from Möngke Khan, a Mughal by race, and extremely frightful to look at: tall, broad shouldered, with a neck like a buffalo, and hands like a bear's paws. Every day he devoured one sheep. With him he had a document and a priceless robe from Möngke Khan. The document stated: "This renowned strongman has been sent to my brother Hulagu Khan. If there is any [local] strongman who can throw him, put the robe on him, but if my strongman throws yours, then dress him in the robe and send him to me with great messengers."

CHAPTER XII

Յայնժամ կոչեաց Հուլաւու Ղանն զամենայն գլխաւորս զաւրաց իւրոց. եւ հրամայեաց թէ գիտէ՞ք Տաթար կամ Հայ կամ Վրացի, որ զդա ձգէ: Եւ որոնեցին եւ Տաթար ոչ գտին. զի ով տեսանէր զայրն զայն՝ ամէնն վախէին յահագին հասակէն եւ ի տեսոյ նորայ: Իսկ Հայոց եւ Վրաց իշխանքն ասացին թէ՝ մեք գիտենք մարդ. որ միթէ ի նմանէ լինի ճար: Եւ հրամայեաց Ղանն փութով բերել: Եւ ասացին թէ չէ ի տեղս, այլ կայ ի տուն իւր: Եւ հրամայեաց առժամայն ելչեաց շոյտով հասուցանել. բայց ոչ ձիով, այլ սայլով: Եւ էր այրն այն, զոր ասացին Հայոց եւ Վրաց իշխանքն, յազգէն ի բարձր Արծրունեաց, թոռն Ամիր Քրդին՝ Սադուն անուն. երկայն եւ վայելուչ հասակաւ, յոյժ ուժեղ ի մանկութենէ եւ փորձ եւ կիրթ ի գործն յայն. բայց առաջի Ղանին այլ չէր բռնել մարդ:

Յայնժամ իբրեւ գնացին ելչիքն, եւ ասացին զհրամանք Ղանին, տրտմեցաւ Սադունն. զի առաջի Ղանին այլ ոչ էր բռնեալ մարդ, եւ մի այս, որ ահագին եւ ուժով լսեաց զհաշուակիցն իւր:

Եւ ապա յանձնեաց զինքն վանորէիցն՝ աղաւթել վասն նորա. եւ ինքն երթեալ ի Գագ առ ատենահաս Սբ. Սարգիսն, զոր աւրհնեաց երանելի եւ Սուրբ վարդապետն Մեսրոպ. եւ արարեալ անդ ուխտ եւ մատաղ Սրբոյ Նշանին, եւ ապա առեալ զելչիքն գնաց առ Հուլաւու Ղանն:

Then Hulagu questioned all the chiefs of his troops, saying: "Do you know of anyone, T'at'ar, Armenian, or Georgian capable of throwing him?" They searched around and did not find a T'at'ar. For anyone who saw that man was thoroughly frightened by his enormous stature and aspect. But the Armenian and Georgian princes said: "We know of a man who might do." Then the khan ordered that he be brought in haste. They said that he was not there, but rather at his own home. [Hulagu] ordered the messengers to bring him at once, not by horse but by carriage. The man spoken about by the Armenian and Georgian princes was named Sadun, [descended] from the great Artsrunik' [clan], a grandson of Amir K'urd. He was tall and attractive, very strong from childhood, experienced and knowledgeable in that matter [wrestling], though he had not previously fought anyone in front of the khan.

When the messengers went and told [him about] the commands, Sadun saddened, since he had not battled in front of a khan and he had also heard about the awesomeness and strength of his opponent.

Then he commended himself to the monks to pray for him while he himself went to [the monastery of] Gag to the blessed intercessor Sargis, who had been blessed by the venerable holy *vardapet* Mesrop. There he made a vow and gave an offering to the blessed symbol [of the Cross], and then, going with the messengers, he traveled to Hulagu Khan.

Իսկ յորժամ ետես Հուլաւու Ղանն զՍադունն եւ զկորովի եւ զերկայն հասակ նորայ, յոյժ ուրախացաւ. եւ հրամայեաց ինն աւր երկու բաւքային կալ ի միասին. եւ ամէնաւրեն ուտալացոյք ոչխար մի եւ տիկ մի գինի: Եւ յորժամ վճարեցաւ ինն աւրն այն, ապա հրամայեաց ժողովել ամենայն գլխաւորացն առաջի իւր, եւ կոչեալ զերկու բաւքայն, հրամայեաց բռնել զմիմեանս: Եւ յորժամ ընբռնեցին զմիմեանս, էր աւուրն երեք ժամ. եւ յերեք ժամէ աւուրն մինչեւ ցվեց ժամն զիրեար կային առեալ երկուսն եւ ոչ կարէին մէկմէկի յաղթել: Եւ ապայ Սադունն, զաւրացեալ անուամբն Աստուծոյ, յանկարծակի ուժգին բախմամբ զգետնեաց զբաւքայ Մանկու Ղանին առաջի Հուլաւու Ղանին. եւ մեծացաւ Սադունն առաջի Ղանին: Եւ նման նմայ ո՛չ գտաւ յամենայն երկիր, հարկաւք եւ մեծութեամբ եւ ուժով ի ժամանակս Տաթարին: Եւ հրամայեաց Հուլաւու Ղանն գրել խառլախ, եւ թողուլ նմա մինչեւ ի յինն գունահն:

HISTORY OF THE NATION OF ARCHERS

Now Hulagu Khan was really delighted when he saw Sadun with his power and his stature. He ordered the two combatants to remain together for nine days, each day eating a sheep and [drinking] a *tik* of wine. When the nine days were up, [Hulagu] ordered all the chiefs to assemble in his presence, summoned the two combatants, and ordered them to grapple with each other. When they started, it was three o'clock and they fought for three hours, until six o'clock, unable to conquer each other. Then, fortified by the name of God, Sadun had a sudden burst of strength and threw Möngke Khan's strongman to the ground before Hulagu Khan. Sadun was exalted before the khan. In the entire country no one else was to be found with such gifts, wealth, and power in the time of the T'at'ars. Hulagu Khan also ordered a *yarlıq* written giving [Sadun] exemptions for nine offenses.

ԺԳ

Պատերազմունք Հուլաւու ղանին ի վերայ Հալբայ, Դամասկոսի եւ Երուսաղէմի, եւ մահ նորա:

Եւ զկնի այսորիկ հրամայեաց Ղանն զաւրացն ժողովել ի Ժ էն երկուքն. եւ եդ նոցա գլխաւոր զՔիթբուղէն, եւ յուղարկեաց զնոսա ի վերայ Հալբայ եւ Դմշխայ: Եւ ընդ երթալն առին զՀալբ եւ յանխնայ կոտորեցին եւ գերեցին եւ լցան բազում զանձիւք. եւ ինքն Հուլաւու Ղանն զաղտ գնաց այլ զկնի հեծելին. եւ յորժամ գիտացին Դամասկացիքն, թէ առին զՀալբ, ապա ինքեանք իւրեանց կամաւ ետուն զքաղաքն եւ զբանալի քաղաքին ի ձեռս Հուլաւու Ղանին:

Իսկ Երուսաղէմ քաղաքն եւ Սուրբ գերեզմանն Քրիստոսի Աստուծոյ մերոյ կայր ի ձեռս Տաճկանց ի Սալահատին Սուլտանէն ի վեր: Զայս լուեալ Հուլաւու Ղանին գնաց ի վերայ Երուսաղէմ քաղաքին եւ էառ զնա. եւ ինքն մտաւ ի սուրբ Յարութիւնն, եւ երկիր եպագ սրբոյ Գերեզմանին. եւթողեալ զզաւրքն ի տեղն, եւ ինքն դարձաւ խաղաղութեամբ յաշխարհն արեւելից:

Իսկ Քիթբուղայն, որ էր գլխաւոր զաւրացն Տաթարին՝ հպարտացեալ անցաւ քան զԵրուսաղէմ ի վայր Ժ աւուր ճանապարհ: Իսկ շուն եւ անիրաւ Մսրցին գիտացեալ զանպատրաստ կենալ զաւրացն Տաթարին, ապա զաւրաժողով լեալ, անթիւ բազմութեամբ եկն ի վերայ Տաթարին, եւ զբազումս կոտորեաց ի նոցանէ, եւ զբազումս փախստական արար, եւ զբազումս գերեաց. եւ դարձեալ էառ զԵրուսաղէմ, զՀալբ եւ զԴըմըշխ. եւ այս եղաւ աւգնութեամբ Փռանգ հեծելոյն. զի դեռ չէին սէր ընդ Տաթարին, եւ այս այսպէս գործեցաւ:

XIII

THE WARS OF HULAGU KHAN AGAINST ALEPPO, DAMASCUS, AND JERUSALEM, AND HIS DEATH.

After this, Hulagu Khan ordered two of every ten of his troops to assemble. He put Kitbuqa as their chief and sent them against Aleppo and Damascus. They took Aleppo, mercilessly killing and enslaving, and filled up with much treasure. Hulagu Khan himself had secretly followed behind the cavalry. When the Damascenes learned that [the Mongols] had taken Aleppo, they themselves willingly gave the city and the keys to the city to Hulagu Khan.

Now from the time of Sultan Saladin, the city of Jerusalem and the blessed sepulcher of Christ our God had been in the hands of the Tachiks. When Hulagu Khan heard about this, he went against the city of Jerusalem and took it. He himself entered [the church] of the blessed Resurrection and prostrated himself before the Holy Tomb. Then, leaving troops there, he returned to his land in the east in peace.

Now Kitbuqa, who was chief of the T'at'ar troops, grew arrogant and went on a ten days' journey beyond Jerusalem. Meanwhile the dog-like and impious Egyptians, realizing that the T'at'ar troops were unprepared, massed a countless host of troops and came against the T'at'ars, killing many of them, causing many to flee, and capturing many. They retook Jerusalem, Aleppo, and Damascus, and this with the blessing of the Frank cavalry since at that time there was no friendship between the T'at'ars [and themselves]. And so this was the result.

Իսկ ընդ աուրսս ընդ այսորիկ երեւեցաւ աստխ մի վարսաւոր, եւ ծագեաց նա յառաջ ընդ առաւաւտն յաւուր շաբաթու, ի տաւնի Տապանակին. եւ աւրըստաւրէ աճէր վարս եւ շառաւեղ աստղին: Զի յառաջագոյն ընդ առաւաւտն ծագեաց, եւ ապա փոքր փոքր յամելով անկաւ ի ճաշոյ ժամն, եւ անդ ծագէր: Եւ այսպէս զաւրն յետ ձգելով հասաւ յերեկոյն, եւ ի մետասան ժամու աւուրն ծագէր. եւ շառաւեղք վարսին հասանէր յարեւելից մինչեւ ի մէջ երկրիս: Եւ այնչափ շատացաւ շառաւեղք վարսին, մինչ զի յոյժ ահագին երեւէր ամենայն աշխարհիս. վասնզի ոչ էին տեսեալ այսպիսի զարմանալի նշան ի վերայ երկրի: Եւ այսպէս յաւելլով ի շառաւեղսն լայն եւ ընդարձակ՝ եկաց մինչեւ ի մուտս ձմերան ամսոյն. եւ ապա որպէս աճեացն՝ նոյնպէս սակաւ սակաւ պակասէր աւրըստաւրէ, մինչեւ ամենեւին հատաւ շառաւեղք վարսին եւ այլ ոչ երեւիւր:

Իսկ Հուլաւու Ղանն յորժամ ետես, իմացաւ առժամայն, թէ վասն իմ ծագեաց աստխս այս. եւ անկեալ ի վերայ երեսաց իւրոց երկիր եպագ Աստուծոյ. վասնզի յոյժ վախեցաւ յորժամ սկսաւ պակասիլ աստխին շառաւեղքն: Եւ ամենայն երկիր իմացաւ զայս, որ որչափ Հուլաւու Ղանին ձին գնաց եւ երկիր կալաւ, այնչափ երկայնացաւ շառաւեղք աստղին, եւ ապա դարձեալ պակասեաց: Զի տարի մի այլ ապրեցաւ Հուլաւու Ղանն, եւ ապա պակասեաց յաշխարհէս. թողեալ յետ իւր Լ որդի: Դարձեալ եւ ի նոյն ամին, յորում մեռաւ Հուլաւու Ղանն, մեռաւ եւ բարի կին նորա Տաւվուս խաթունն, եւ յոյժ տրտմութիւն եղեւ ամենայն քրիստոնէից մահն նոցայ:

HISTORY OF THE NATION OF ARCHERS

During this period a comet appeared, arising first on Saturday morning of the Feast of Tabernacles. Day by day the comet's tail and rays grew. At first it appeared in the morning, then gradually at the time of the [day] meal, and getting later and later it appeared at the eleventh hour in the evening. Its hairlike rays expanded, reaching into the midst of the country from the east, and the rays kept increasing to the point that it appeared awesome in all lands, since such a wondrous sign had not previously been seen on the earth. And thus, increasing its broad and huge rays, it continued until the start of the winter months. Finally, just as it had grown, gradually, day by day, it decreased until the rays of its tail were completely cut off, and it was no longer visible.

Now when Hulagu Khan saw this, he immediately realized that this comet had appeared because of him. He prostrated himself before God because he was extremely frightened when the rays of the comet's tail started to reduce. The entire world knew that the rays of the comet extended as far as Hulagu Khan's horse had advanced, as far as he had conquered. But then it disappeared. Hulagu Khan lived another year, then he too departed from this world, leaving behind thirty sons. The same year that Hulagu Khan died, his goodly wife, Doquz khatun, also died. Their deaths caused extreme sorrow to all Christians.

ԺԴ

Մահ Կոստանդին իշխանի հաւր թագաւորին Հայոց Հեթմոյ։ Յաջորդէ Ջհուլաւունն Աբաղան որդի նորա։ Մեռանի Տ. Կոստանդին կաթողիկոսն Հայոց։ Յարձակումն Փնտուխտարայ սուլտանին Եգիպտոսի ի վերայ Հեթմոյ. գերութիւն Լեւոնի արքայորդւոյն Հայոց, ցաւ եւ հեծութիւն Հեթմոյ ընդ կորուստ որդւոցն։

Յաւուրսս յայսոսիկ փոխեցաւ մահուամբ ի Քրիստոս թագաւորահայրն Հայոց Պարոն Կոստընդինն ալեւորեալ եւ լի աւուրբք. եւ եթող սուգ մեծ բարեպաշտ թագաւորին Հեթմոյ, եւ այլ ամենայն որդւոցն եւ աշխարհիս Հայոց. վասն զի պարոն Կոստընդինն էր պատճառ շինութեան աշխարհիս Հայոց. եւ հաստատութեան թագաւորութեան որդւոյ իւրոյ Հեթմոյ. վասն որոյ կանգնեալ քրիստոսապսակ թագաւորն Հեթում, եւ մեծաւ պատւով թաղեաց զՊարոն հայրն իւր. որոյ Քրիստոս Աստուած փառաւորեսցէ զհոգիս նորայ, եւ սրբոց իշխանացն մասնակից արասցէ յիւր արքայութեաննն։

Իսկ զկնի Հուլաւոյն մահուանն՝ յետ ամի միոյ արարին մեծ խուռութայ, եւ եդին զԱբաղանն Ղան, զաւագ որդի Հուլաւունին. եւ էր Աբաղանն բարի տեսլեամբ եւ գեղեցիկ հասակաւ ի մէջ Լ եղբարց իւրոց։ Եւ յաւուրս ղանութեան նորա էր առատութիւն ամենայն իրաց ընդ ամենայն երկիր։

XIV

THE DEATH OF PRINCE KOSTĚNDIN, FATHER OF HET'UM, KING OF THE ARMENIANS; ABAQA, HULAGU'S SON, SUCCEEDS HIM; THE DEATH OF LORD KOSTAND, CATHOLICOS OF THE ARMENIANS; THE ATTACK ON HET'UM BY BAIBARS, SULTAN OF EGYPT; THE CAPTURE OF LEWON, CROWN PRINCE OF THE ARMENIANS; THE PAIN AND SORROW OF HET'UM AT THE LOSS OF HIS SON.

In these days, the white-haired and elderly *Baron* Kostěndin, father of the king of the Armenians, was translated to Christ. He left the pious King Het'um, as well as all his other sons and the land of the Armenians, in deep mourning, since *Baron* Kostěndin was the cause of the cultivation of the land of the Armenians as well as the foundation of the kingship of his son, Het'um. Thus did the Christ-crowned King Het'um stand and bury his father, the *baron*, with great honor. May Christ God glorify his soul and make the blessed princes participants of His kingdom.

One year after the death of Hulagu Khan, [the Mongols] held a great *kurlutai* and installed Hulagu's senior son, Abaqa Khan. Among his thirty brothers, Abaqa was the best looking with the best stature. During the days of his *khanate* there was an abundance of everything throughout all the countries.

Իսկ ընդ աւուրսս ընդ այսոսիկ փոխեցաւ ի Քրիստոս սուրբ եւ անբիծ հայրապետն Հայոց տէր Կոստընդինն, բարի անուամբ եւ կատարեալ ծերութեամբ. որոյ աղաւթիւք նորայ տացէ Քրիստոս խաղաղութիւն երկրպագուաց անուան իւրոյ: Եւ զբարէսէր հոգի նորայ եւ զսիրող ուղղափառութեան հաւատոյ, եւ ամենայն կարգաց եկեղեցւոյ, իւր սրբոց հայրապետացն պսակակից արասցէ, լսելով զձայնն, որ ասէ. Բարի ծառայ եւ հաւատարիմ, ե՛կ, մուտ յուրախութիւն Տեառն քո ի կեանսն յաւիտենից:

Իսկ բան իմաստնոյն աստ կատարեցաւ, որ ասէ. ի պակասեալ բարեացն եւ բարերարացն՝ առաւելուն ուխք չարութեանն. որպէս եւ առ մեզ կատարեցաւ: Զի անաւրէն եւ կատաղի Սուլտանն Մսրայ եկն բազում զաւրաւք ի Դմշխ, եւ անտի յղարկեալ դեսպանս առ թագաւորն Հայոց վասն սոյնաւռի ինչ, զի խնդրէր ի թագաւորէն, եւ թագաւորն Հայոց ոչ տայր. այլ պատուիրէր բանս նախատանաց շուն եւ ծառայ ասելով նմայ, այսպիսի պատճառաւ: Յորժամ Տաթարն զՊաղտատ էառ, յայն ժամն էին երկու ծառայք սուլտանին Մսրայ ի Պաղտատ. անուն միոյն Ֆնտուխտար, եւ միոյն՝ Սղուր:

Իսկ յորժամ իմացան թէ էառ Տաթարն զՊաղտատ, առեալ երկու ձի փախեան, դէմ եդեալ գնալ ի Մսր: Իսկ Տաթարն տեսեալ զփախուստն նոցա, գնացին ի վերայ նոցա ձիաթաւ ղք. իսկ Ֆնտուխտարն էր մաւրուաւք եւ ունէր մէշում ձի. եւ Սղուրն էր տղայ, եւ ձին աղէկ: Երբ իմացան թէ հասնիլ կամի Տաթարն եւ զերկուսն ընբռնել, Սղուրն իջեալ ի տաճիկ ձիոյն, ետ ի Ֆնտուխտարն.

During this period the blessed and spotless patriarch of the Armenians, Lord Kostĕndin of good name and in deep old age, was translated to Christ. By his prayers may Christ give peace to those worshiping in His name and may He make him a colleague of the blessed patriarchs with his pious soul and love of the Orthodox faith and all the orders of the church, hearing the voice which says: "Come good and faithful servant and enter into the joy of your master in life everlasting."[19]

Thus was the word of the sage fulfilled here, that "with the decrease of the good and righteous, the league of evil increases."[20] And so it happened to us. The impious and crazed sultan of Egypt came to Damascus with many troops. From there he sent emissaries to the king of the Armenians regarding some trifle [of land] which he demanded from the king. But the king of the Armenians did not give it; rather, he responded with insults calling [the sultan] a dog and a servant. For when the T'at'ars had taken Baghdad, two of the sultan of Egypt's slaves, one named Baibars and the other Sghur.

Now, when they learned that the T'at'ars had taken Baghdad, they took two horses and fled to Egypt. Seeing their flight, the T'at'ars went after them at a gallop. Now Baibars was [old and] bearded and had a poor horse, whereas Sghur was young and riding a good horse. When they realized that the T'at'ars wanted to catch up and seize both of them, Sghur dismounted from the *Tachik* horse, gave it to Baibars,

---
19 cf. Matthew 25:21.
20 cf. Proverbs 29:16.

եւ ինքն ելաւ ի վատ ձին. եւ ասաց Ֆնտուխտարին թէ՝ դու ել ի յաղէկ ձիդ եւ փախիր, ես տղայ եմ, թէ զիս բռնեն, սպանեն ոչ, այլ տանին ծառայ. յայն ժամն զինչ ի քեզ ճար լինի զիս գնէ: Եւ առժամայն հասան Տաթարնին եւ ըմբռնեցին զՍղուրն, եւ տարան ծառայ. եւ զՖնտուխտարն ոչ կարացին ըմբռնել. զի ձին ազնիւ էր, փախեաւ եւ գնցա ի Մսր: Եւ ի գնալն նորայ ի Մսր, մեռաւ սուլտանն Մսրայ. եւ եդին զՖնտուխտարն Սուլտան Մսրայ: Զայս լուեալ Հայոց թագաւորին՝ շուն եւ ծառայ ասէր նման. եւ ոչ առնէր սէր. այլ կայր ընդդէմ նմա, անսէր եւ անհնազանդ. գիտելով զՊարոն հայրն իւր կենդանի, եւ կամ զիւր իշխանսն միամիտ:

Եւ գիտացեալ սուլտանին զմիտս թագաւորին Հայոց, յուղարկեաց բազում հեծեալս ի վերայ աշխարհիս Հայոց ընդ ճանապարհն Մառոյ, եւ ինքն գնաց նստաւ ի Խարխէ. եւ պատուիրեաց զաւրացն թէ կարեն մտել յերկիրն, յանխնայ կոտորել զքրիստոնեայսն եւ քակել զեկեղեցիսն եւ այրել զշինութիւնս քաղաքաց եւ գեղից. եւ կալ յերկիրս զաւուրս հնգէտասան. եւ գերել զկանայս եւ զտղայս քրիստոնէից, զոր եւ արարին իսկ:

Իսկ թագաւորն Հայոց իբրեւ գիտաց զգալ Թուրքին ի վերայ երկրի իւրոյ, յայնժամ ժողովեաց զզաւրս իւր, եւ ետ ի ձեռս թագաժառանգ որդիոց իւրոց Պարոն Լեւոնի եւ Թորոսին. եւ ինքն գնաց սակաւ մի զաւրաւք առ Տաթարն, որ կայր իջեալ ի մէջ Աբլստին եւ Կոկիսոնոյ. եւ անդ յամեալ աւուրս ինչ՝ ոչ գիտելով զերկպառակութիւն զաւրաց իւրոց: Եւ մինչ հոգաց առ գլխաւորս Տաթարին գալ եւ աւգնել

and himself mounted the poorer horse. And he said to Baibars: "Mount the good horse and escape. I am young; if they catch me, they will take me as a captive rather than kill me. When you are able, ransom me." Then the T'at'ars arrived, seized Sghur, and led him off as a captive; but they were unable to catch Baibars since his horse was fine. He fled to Egypt. When he reached Egypt, the [current] sultan of Egypt died and they made Baibars the sultan of Egypt. When the king of the Armenians learned about it, he called [Baibars] a dog and a servant, did not make peace but remained hostile and unreconciled, knowing that his father, the *baron*, was alive and that his princes were united.

The sultan, learning the view of the king of the Armenians, sent many cavalry against the land of the Armenians via the Mar'i road while he himself went and waited at Xarxe'. He commanded his troops that if they were able to enter the country, they should mercilessly kill Christians, pull down the churches, and burn the buildings in city and village and remain in the country for fifteen days, taking captive Christian women and children. And that is what they did.

Now, as soon as the king of the Armenians learned about the coming of the Turks against his country, he assembled his troops and gave command of it to his sons, the crown princes *Baron* Lewon and T'oros. Meanwhile he himself, with few troops, went to the T'at'ars who were encamped between Ablstin and Kokson. He remained there some days, not knowing about the dissension in his troops. When he had persuaded the chief of the T'at'ars to come and help

CHAPTER XIV

զաւրաց նորայ. եւ ինքն երեկ երկու աւուրբ յառաջ, ապա լսեաց զգալն Թուրքին եւ զբեկումն զաւրացն երկմտից. որ ետուն զթագաժառանգ որդիսն իւր ի ձեռս անաւրէն գայլոցն, եւ ինքեանք փախեան յամուրս իւրեանց: Զի զգեղեցիկ որդի թագաւորին՝ զՊարոն Թորոս, ի պատերազմին սրախողխող արարին յիւրում երիվարին եւ զՊարոն Լեւոն ըմբռնեալ բազում զաւրք Թուրքացն եւ տարան ծառայ ի Մսր:

Եւ զայս լուեալ մեծախելք թագաւորն Հեթում, բեկաւ սիրտն ի կարի եւ յանհնարին տրտմութենէն, որ յանկարծահաս դիպեցաւ. եւ ոչ կարէր կանգնել ի սիրտ իւր, մինչ եկն ի Սուրբ եւ ի գերահռչակ ուխտն միանձանց ի յԱկանց Անապատս. եւ աստ մխիթարեալ սակաւ մի ի մի եղէն եղբարց Սուրբ Ուխտիս կեցեալ աւուրս ինչ, մինչ ելաւ Թուրքն յերկրէս: Զի անաւրէն զաւրք Թուրքին՝ զամեն պատուիրեալսն ի սուլտանէն արարին. զՍիս քաղաքն այրեցին, որ է նստոց թագաւորին Հայոց: Եւ զգովելի մեծ եկեղեցին, որ ի մէջ Սսայ, նփատ ձգեալ այրեցին, եւ շիրիմս թագաւորացն քակեցին: Եւ զբազումս կոտորեցին ի քրիստոնէից եւ զբազումս գերեցին ի յերկրէն եւ ի գեղաւրէիցն: Եւ ապայ յետ աւուրց ինչ գնաց զաւրք թուրքին բազում գանձիւք եւ աւարաւ յաշխարհն իւրեանց, թողեալ զաշխարհս Հայոց կիսաւեր: Իսկ որք առին զպարոն Լեւոն եւ գիտացին թէ ստոյգ որդին է թագաւորին, տարան ուրախութեամբ առ Սուլտանն. եւ տեսեալ սուլտանն ուրախացաւ. բայց ընդ պարոն Թորոսի սպանումն յոյժ տրտմեցաւ, եւ յոյժ բարկացաւ սպանողացն. եւ սպանողքն ասացին, թէ մեք ոչ գիտացաք, թէ որդի թագաւորին է. զի զբազումս եսպան ի մեզանէ, եւ զբազումս խոցեաց, ապա յետոյ մեք ջան ի վերայ եդեալ սպանաք զնա:

his forces, he himself went two or three days in advance of them and then he heard [the news about] the coming of the Turks and the fragmentation of his duplicitous troops, for they had given his sons, the crown princes, into the hands of the impious wolves while they themselves fled to their stronghold; [and he heard] how his son, the handsome *Baron* T'oros, had been struck through [while seated] on his horse, and how many troops of the Turks had seized *Baron* Lewon and taken him captive to Egypt.

When the wise King Het'um heard all of this, his heart broke from the extreme, impossible sorrow which suddenly gripped it, and he was unable to raise it up. So he went to the blessed and renowned congregation of monks at Akants' retreat where he was somewhat comforted by the brothers of the holy order. [Het'um] remained there for a few days until the Turks had left the country, for the impious Turkish troops executed all the orders of the sultan. They burned the city of Sis [Kozan],[21] which is the seat of the king of the Armenians; they threw wood into and burned the praiseworthy great church in Sis; and they pulled down the tombs of the kings. They killed many Christians and captured many from the country and the villages. After some days the Turkish forces, loaded down with much treasure and loot, returned to their own land, leaving the land of the Armenians half ruined. Once those who had taken *Baron* Lewon knew for certain that he was the king's son, they took him with joy to the sultan who was delighted to see him but was extremely sad at T'oros' death and very angry at the killers. The killers said: "We did not know that he was the king's son for he killed and wounded many of us, and when we tried [to seize him] we killed him."

---

21 *Sis:* modern Kozan.

Յետ այսորիկ խաւսեցաւ սուլտանն ընդ Լեւոնի եւ ասէ. Քո հայրն ինձ ծառայ ասէր, եւ ոչ առնէր սէր. ծառայ այժմ ե՞ս եմ թէ դու: Զայս եւ այլ բազում բանս խրոխտանաւք խաւսէր ընդ թագաւորորդոյն, եւ ապա յետոյ յոյժ մեծարանաւք պատուեալ եւ սիրեալ եւ ասացեալ բանս մխիթարականս, չվախել ոչ ինչ, այլ կալ ուրախութեամբ աւուրս ինչ. եւ ապա դարձուցանել զնա առ հայրն իւր՝ թագաւորն Հայոց: Եւ զայս ասացեալ Ֆնտուխտար սուլտանին՝ առաքեաց զպարոն Լեւոն ի Մսր:

Իսկ բարեպաշտ թագաւորն Հեթում առ ոչինչ համարեալ զայս ամենայն անցս աղետից, առժամանակ մի, վասն նենգաբարոյ եւ երկմիտ իշխանացն, շահելով զբարս նոցայ ուրախութեամբ սրտի, առ իւր ունելով զայլ մանր ուստերսն եւ զդստերսն մխիթարէր ի նոցանէ սուտ մխիթարութեամբ, վասն շահելոյ զբարս իշխանացըն եւ գիտենալոյ զխորամանկ միտսն նոցայ սիրով:

Զի որ գրէր գիր յիշխանացն վասն պակասութեան որդւոցն, եւ սեւաւք կապէր եւ առ թագաւորն առաքէր. թագաւորն գրէր պատասխան եւ կարմիր կապեալ ի թուխթն այնպէս առաքէր: Եւ զայս լեզուն եւ ձեռքն միայն գործէին եւ շարժէին. բայց զսիրտն ինքն եւ Աստուած միայն գիտէին, թէ որպիսի կրակով լցեալ էր: Զի ոչ տեսանէր զայնպիսի գեղեցկապատկեր եւ զծաղկալից որդիսն իւր առաջի իւր, ոչ երեկոյ եւ ոչ ի վաղիւն եւ ոչ ի ժամ ճաշունն յուտել եւ յըմպել: Եւ անդ միտ ածեալ զանմխիթար աղէտս գեղեցիկ որդւոցն. զԹորոսի գեղեցիկ պատկերն եւ զվայելուչ հասակն, որ ի սրոյ բաժանեցաւ յանողորմ եւ յարիւնարբու անաւրինացն: Ն ոյնպէս եւ զԼեւոնի ահիւ եւ անդոհիւ լինելն ի մէջ այլազգեացն ի ծառայութիւն:

After this, the sultan spoke with Lewon, saying: "Your father called me 'servant' and did not establish friendship. Who is the servant now, you or I?" He arrogantly said this and many other things to the king's son, then he greatly honored him and showed him affection and comforted him, saying not to fear anything but to stay happy for some days and then he would return him to his father, the king of the Armenians. Having said this, Sultan Baibars sent *Baron* Lewon to Egypt.

For the moment, the pious King Het'um took no heed of all the disasters which had transpired due to the deceit and duplicity of the princes, gaining their good will with a happy heart and having by him other small sons and daughters from whom he took comfort, false comfort, to gain the good will of the princes and to learn their deceitful thoughts.

Those of the princes who wrote [to Het'um] about the loss of his sons bound [the letter] in black and sent it to the king. The king wrote a reply, bound the letter with red and sent it thus. Only tongue and hand moved to do this, only [the king] and God knew [the state of] his heart, just how full of fire it was. For he no longer saw his good looking, blooming sons before him, neither at night nor in the morning, not eating and drinking at meals. In his mind he imagined the hapless calamities of his handsome sons: T'oros, with handsome form and attractive figure from whom he had been separated by the sword of the merciless bloodthirsty infidels; and Lewon, in fear and distress in captivity to the foreigners.

Զայս ամենայն զմտաւածեալ բարեպաշտ թագաւորն Հայոց՝ այրէր անհնարին կրակով եւ գալարէր աղիքն յաղագս սիրոյ որդիոցն, որ ոչ տեսանէր. եւ թաւալէր ընդ երկիր անմխիթար սգով, բայց գաղտ եւ ի ծածուկ. զի մի՛ գիտասցեն նախանձոտ եւ տիրասպան իշխանքն եւ ուրախասցին ընդ տրտմութիւն թագաւորին: Եւ այս գործեցաւ յաւուրս յամառնային յեղանակին յետին ամսեանն, ի տաւնի Սրբոյ Աստուածածնին:

Եւ թագաւորն Հեթում համբեր տուեալ կրակով լցեալ սրտին, եկաց մինչեւ ի տաւն Սրբոց Առաքելոցն ծածկելով զտրտմութիւնն իւր յաներկեղ իշխանացն, եւ ապա հրամայեաց կոչել զամենայն իշխանսն, զոր ի հեռի եւ զոր ի մաւտ. վասն պատճառի ջուր աւրհնելոյ ի քաղաքն Մսիս: Եւ ժողովեցան ամենայն իշխանքն, որք կային ընդ թագաւորութեամբ նորայ ի քաղաքն Մսիս: Եւ յորժամ գիտաց թագաւորն զգալուստ ամենայն իշխանացն, ապա հրամայեաց գալ առաջի իւր եւ նստել:

Եւ յորժամ ամէնն եկին եւ նստան, հրամայեաց սպասաւորացն թագաւորն թէ այլ են պակաս՝ կոչեցէ՛ք: Եւ նոքա ասացին. Սո՛ւրբ թագաւոր, ամէնն այս են, որ քեզ առաջի կան: Եւ թագաւորն ստիպէր կոչել զպակաս իշխանսն, եւ զպարոնայսն: Իսկ սպասաւորք թագաւորին ոչ կարէին իմանալ զմիտս թագաւորին: Ապա իշխանքն ասացին ցթագաւորն. թէ զոր դուք հրամայեալ էք եւ կոչեալ, ամէնն աստ է եւ չէ ոք պակաս:

All of this the pious king of the Armenians pondered, burning with an unbelievable fire, his insides twisted with love for the sons he did not see. He rolled upon the ground with inconsolable mourning, but he did this secretly, in private, so that the envious, master-killing princes would not learn of it and rejoice in the king's sorrow. This occurred in the last months of summer, at the time of the feast of the blessed Mother of God.

King Het'um, restraining his burning heart, waited until the feast of the blessed Apostles, concealing his sorrow from his cruel princes, and then ordered all the princes near and far [to be summoned] to him under the pretext of [participating in the ceremony of] the blessing of the water in the city of Msis [Adana]. And all the princes in his kingdom assembled in the city of Msis. When the king learned of the arrival of all the princes, he ordered them to come and sit before him.

After they all came in and sat, the king ordered his attendants to call anyone missing. They replied: "Blessed king, all of them are now before you." But the king insisted that the absent princes and *baron*s be summoned. However, the king's attendants were unable to fathom the king's intention. Then the princes said to the king: "Those you ordered summoned are all here and no one is absent."

Իսկ թագաւորն զայրագին սրտիւ հայեցեալ յայս կոյս եւ յայն կոյս. եւ ապա հրամայեաց կիսաձայն եւ արտասուալից աչաւք, թէ երբ ամէնն աստ են, ապա ո՞ւր են Լեւոն եւ Թորոսն: Յայնժամ սկսան իշխանքն անմխիթար եւ ծանր ոգով ծեծել զիւրեանց եւ վայ եւ եղուկ ասել, յիշելով զգեղեցիկ որդիք թագաւորին իւրեանց, զմինն ի ծառայութիւն ի մէջ այլազգեաց. եւ զմիւսն սրախողխող եղեալ ի ձեռաց անաւրինաց:

Եւ այնպիսի աղի եւ ողորմ արտասուաւք լային ոչ միայն իշխանքն, այլ եւ քահանայք եւ վարդապետք եկեղեցւոյ յերգ արկեալ զողբն Երեմիայ մարգարէին որ ասէ. Ո՜ տայր զգլուխս իմ շտեմարանս ջուրց, եւ զաչս իմ աղբիւրս արտասուաց. զի նստեալ լայի զբեկումն ժողովրդեան իմոյ: Եւ այսպէս վարդապետքն եւ քահանայք եւ իշխանքն լային, եւ ոչ ոք կայր ի մէջ նոցայ որ մխիթարէր զնոսայ, այլ կային տարակուսեալ ի ծանր սուգն բեկեալ սրտիւք:

Իսկ մեծախելք եւ մեծահոգի թագաւորն Հեթում, ինքն յինքեան կանգնեաց զբեկեալ զտրտմեալ սիրտն իւր, եւ ապա խաւսեցաւ բանս մխիթարականս ի սիրտս իշխանացն եւ քահանայիցն եւ վարդապետացն, այսպէս ասելով.

«Գիտէք ամէն իշխանքդ, վարդապետքդ եւ քահանայքդ, որ Վարդանանցն պատերազմն վասն քրիստոնէից

Thereupon the king, his heart enraged, looked about here and there and asked in a half tone, his eyes full of tears: "If everyone is here, where are Lewon and T'oros?" The princes began to beat their heads inconsolably and with great lamentation, sighing and moaning, recalling the handsome son of the king in captivity among the foreigners, and the other son who had died by the sword of the impious.

Not only the princes were sobbing and weeping so, but also the priests and *vardapet*s of the church, lamenting like the prophet Jeremiah who said: "Who will make of my head a container of waters, and my eyes into springs of tears, so that seated I bewail the misfortunes of my congregation?"[22] Thus did the *vardapet*s, priests, and princes weep, and there was no one among them to comfort them; rather, they were in deep mourning with broken hearts.

The high-minded, high-souled King Het'um restrained his own broken heart and consoled the hearts of the princes, priests, and *vardapet*s, saying:

"All of you princes, *vardapet*s, and priests know that the battle of Vardanants' occurred on behalf of the Christians,

---

22 cf. Jeremiah 9:1.

եղեւ, եւ այսչափ բազմութիւն հեծելոցն վասն քրիստոնէից նահատակեցան եւ երկնաւոր պսակացն արժանի եղեն: Նոյնպէս եւ որդին իմ Թորոս վասն քրիստոնէից պատերազմեցաւ եւ վասն քրիստոնէից նահատակեցաւ. եւ խառնեցաւ ի գունդս Սրբոց Վարդանանցն. եւ նոցին պսակացն արժանի եղեւ: Զնա այլ մի՛ լայք, այլ երանեցէք զնա, զի սիրեաց զնա Քրիստոս, եւ իւր սրբոցն պսակացն արժանի արար. եւ զարիւն նորա ընդ արեան մարտիրոսացն խառնեաց՝ ժառանգելով ընդ նոսայ զերկնից արքայութիւնն որ ի Քրիստոս Յիսուս:

«Իսկ Լեւոն, երէց որդին իմ, որ է ի ծառայութիւն ի մէջ այլազգեացն. ինձ լաւ է Լեւոն ի ծառայութիւն, եւ Թորոս իւր արեամբն ի վերայ քրիստոնէից սպանած. քան ես այս ամէն երկրիս եւ ձեր արեանդ, եւ խղճիդ տիրացած. վասնզի դուք ոչ գիտէիք թէ այս ցեղ չէր հանդիպել՝ ի նչ կայր Հայոց երկրիս առաջի»:

Զայս եւ այլ բազում բանս մխիթարականս խաւսեցաւ թագաւորն եւ դադարեցոյց զիշխանսն ի լալոյ եւ ի սգոյ:

Իսկ բարէմիտ եւ բարէկամ իշխանք թագաւորին, նաեւ քահանայք եւ վարդապետք եւ եպիսկոպոսք, որ էին ժողովեալք առ թագաւորն վասն տաւնի Սրբոյ Յայտնութեան, եւ մխիթարեցան ի թագաւորէն վասն սգոյ թագաւորորդեացն. նոյն եւ նոքայ խաւսեցան մխիթարական բանս բազումս եւ կանգնեցին զսիրտ թագաւորին. եւ արարին զտաւն սրբոյ Յայտնութեան ի միասին ուրախութեամբ մխիթարելով զթագաւորն: Իսկ թագաւորն ոչ կարէր դադարեցուցանել զսիրտն ի թառանչելոյ եւ յոգւոց հանելոյ վասն Լեւոնի որդւոյ իւրոյ որ էր

and that such a multitude of cavalry was martyred for the Christians and became worthy of heavenly crowns, just as my son T'oros battled for the Christians and was martyred for them. He has mingled with the band of the blessed Vardaneans and become worthy of their same haloes. Hereafter no longer mourn him but rather envy him, for Christ loved him and made him worthy of His saint's halo. He mixed his blood with the blood of the Martyrs, inheriting with them the Kingdom of Heaven which is in Jesus Christ.

"Lewon, my eldest son, is in captivity among the foreigners [in Egypt]. It is better for me that Lewon be in captivity and that T'oros gave his blood for the Christians than that I should rule over the country with your blood and sorrow, for you would not know such a misfortune would befall the country of the Armenians."

The king said this and many other words of comfort and caused the princes to cease weeping and mourning.

Then the well-disposed and good-willed princes of the king and the priests, *vardapet*s, and bishops who had assembled by the king for the feast of the blessed Resurrection were consoled by the king over the mourning for the royal sons. They, in their turn, spoke many words of comfort and restored the king's heart. Together they held the feast of the blessed Resurrection with joy, consoling the king. But the king was unable to stop his heart from sobs and sighs because of his son Lewon who was

ի Մսր ծառայ. եւ ոչ գտանէր հնարս, թէ որպիսի հնարիւք կարէ զերծուցանել զնա: Եւ ապա դարձեալ կոչեաց զիշխանսն առաջի իւր թագաւորն, եւ եհարց զնոսա. թէ որո՞վ հնարիւք կարէ հոգալ վասն ազատելոյ Լեւոնի որդւոյ իւրոյ:

Իսկ իշխանքն յանգէտս եղեալ մեղադրեցին թագաւորին եւ ասացին, թէ «Շիհն ինչ գտանէ մեզ, որ դու վասն Շիհայ զքո որդիքն կորուսեր, եւ զմեզ նոցա խղճին տիրացուցէր. այն լաւ չէ՞ր թէ այն մին գեաւղն մեր չէր լեալ, քան մեք ամէ՛ն աշխարհի զրոյց եւ ծաղր եղաք»:

Իսկ թագաւորն հրամայեաց իշխանացն լռել յանաւգուտ խաւսիցն, եւ լսել ի նմանէ զոր ինչ պատուիրեալ էին նմա ի ծածուկ Հայոց իշխանքն, որ կային ի դուռն Ապաղայ Ղանին: Զի ընդ աւուրսն ընդ այնոսիկ էին տաճիկ ամիրայք հոգցաւղք եւ բիդիքչիք Ղանին, բարեկամ մարցոյն ի ծածուկ, եւ չարակամ թագաւորին Հայոց. եւ ամենայն քրիստոնէից. եւ Տաճիկ ամիրայքն եւ հողցողանին գրեալ էին առ սուլտանն Մսրայ ի ծածուկ՝ թէ ջանացիր որ սիրով մէկ գեւղ թափես ի Հայոց թագաւորէն, եւ այն նմայ կորստեան եւ իւր երկրին հերիք է եւ բաւական. մեք ասեմք եւ հոգամք առ Ղանս, որ զՀայոց թագաւորդ իւր ամեն երկրովն աղի բռնէ եւ հեծեալ յըղարկէ եւ կոտորէ զամէնն:

a captive in Egypt and he had not found the means of freeing him. Then the king again called the princes before him and asked them what stratagem he should employ to free his son Lewon.

The princes, at a loss, blamed the king, saying: "[The area of] Shih was part of our [kingdom] and because of Shih you have lost your sons and blamed us for it. Would it not have been better that this one village not be ours than that we be the story and joke of the entire world?"

Now the king ordered the princes to silence their useless words and hear from him what had been conveyed to him secretly by the Armenian princes who were at the court of Abaqa Khan, [namely] that during this period *Tachik amir*s were the advisors and *bidik'ch'ik* of the khan, secretly friendly to the Egyptians and inimical toward the king of the Armenians and all Christians. The *Tachik amir*s and caretakers of the khan had secretly written to the sultan of Egypt, saying: "In friendship try to acquire one village from the king of the Armenians and that will be enough to ruin him and his country. We will speak to the khan and see to it that [he believes] that the king of the Armenians is ruining his entire domain and will send cavalry to destroy them all."

CHAPTER XIV

Իսկ բարեպաշտ թագաւորն Հայոց զայս ամէնն գիտացեալ էր յառաջագոյն եւ լուեալ ի ձեռն ծածուկ գրոյ Հայոց իշխանացն, որ կան յարեւելք, եւ են բարեկամք եւ յոյժ սիրողք այս թագաւորութեանս: Զի գրեալ էին Հայոց իշխանքն առ բարեպաշտ թագաւորն Հեթոմ բանս մխիթարականս վասն որդիոցն եւ վասն երկրիս. եւ ի վերջն զայս, թէ՝ «ով սո’ւրբ թագաւոր, բան որ մեք եմք լսել. լավ է քեզ այդ, որ քո մին որդին վասն քրիստոնէից մեռաւ եւ մինն ծառայ գնաց. եւ այս տաճիկք շներս յամաւթ եղան, որ ի յայս դուռս կան, քան քո թագաւորութիւնդ ամէնն անցած եւ երկիրդ ընդ մին աւիրած եւ քրիստոնեայքդ կոտորած: Վասն զի այս Տաճիկ շներս ամէն աւր կու ասեն ընդ Ղանս թէ Հայոց թագաւորն եւ Մսրայ սուլտանն մի են եւ մին խաւսաւք են: Եւ մեք Հայոց իշխանքս երդուեալ ենք Ղանին առաջի թէ՝ տաճկանիդ սուտ են, մի’ հաւատար դոցայ: Եւ այժմ զայդ լսեցին եւ յամաւթ եղեն տաճկանիս, ու Ղանին սիրտն լաւացաւ ի հետ քեզ միահետ. ապա թէ լեալ էր, որ խաբուեալ էիր եւ լուր մին դարտակ տուն էի ր տուեալ, թող թէ շէն գեւղ, որպէս նա ուզէր, յայնժամն քո թագաւորութիւնդ ամէնն անցեալ էր. եւ մեք յամաւթ եղեալ»:

Իսկ յորժամ զայս ամենայն լսեցին իշխանքն ի թագաւորէն՝ հիացան ամէնն. եւ մեղայ ասացին թագաւորին, վասն ոչ գիտելոյ զայս ամենայն պատճառս բանիս:

The pious king of the Armenians knew all about this from secret letters sent from the Armenian princes in the east, who were friendly and very loving toward his kingdom. For the Armenian princes had written words of comfort to pious King Het'um over his sons and country and this at the end: "Oh blessed king, from what we have heard it is better for you that one of your sons died for Christianity and the other was taken captive than that your reign be ended and your country and Christians be destroyed, for [the outcome] embarrassed the *Tachik* dogs who kept telling the khan daily that the king of the Armenians and the sultan of Egypt were united and of the same counsel. We Armenian princes swore in the khan's presence that 'the *Tachiks* are false, do not believe them,' then they heard [about Het'um's misfortune] and the *Tachiks* were shamed while the khan's heart has improved regarding you. Had it been that you were deceived and if they heard that even one empty building had been given, not to mention the village of Shih as [the sultan] wanted, at that point your entire kingdom would have been finished and we would have been shamed."

When the princes heard all of this from the king, they all were astonished and begged his pardon for not knowing all the factors in the affair.

ԺԵ

Բանագնացութիւն Հեթմոյ ընդ Ֆնտուխտար: Տ. Յակովբ կաթուղիկոս Հայոց: Դարձ Լեւոնի ի գերութենէն, ուրախութիւն Հեթմոյ, հրաժարումն ի թագաւորելոյ, մենակեցութիւն եւ մահ: Մեռանի եւ Դաւիթ արքայ Վրաց:

Եւ ապա յետ այսորիկ, հարցեալ խրատ զիշխանսն թագաւորն Հայոց, առաքեաց դեսպանս առ սուլտանն Մսրայ. իմանալ վասն որդոյն իւրոյ Լեւոնի. թէ ինչ է կամքն Սուլտանին. ինչ տայ եւ գնէ զորդին: Իսկ սուլտանն Մսրայ Ֆնդուխտարն թէպէտ էր տաճիկ, այլ յոյժ աղէկասիրտ էր եւ խոնարհամիտ, զթագաւորորդին Լեւոն խիստ աղէկ էր տուել պահեալ կենաւք եւ ամենայն իրաւք: Եւ յորժամ լսեաց զդեսպանացն գնալն՝ ուրախացաւ եւ ասաց. թէ «պիտի որ զԼեւոնս տանիք յիւր հայրն եւ յիւր թագաւորութիւնն. իմ սիրելի ընկեր կայ առ Տաթարն ծառայ, որ ձեր ձեռաւք ի վեր է ի գալ. որ զնա ուզէք ի Տաթարէն, ձեզ չխնայեն, զնա բերէք, Սղուր է անունն, եւ զԼեւոնս տարէք»: Զայս լուեալ թագաւորն Հայոց ի դեսպանացն, եւ իսկոյն զուգեաց բազում գանձս եւ պատուական ինչս. եւ գնաց յարեւելք առ Աբաղայ Ղանն. եւ ասաց զամենայն գանգատ՝ զինչ արար մսրցին ընդ նայ եւ ընդ երկիրն իւր. ասաց եւ զխնդիրք սուլտանին վասն Սղուր ծառային, եւ ոչ կարաց թափել առ ժամն՝ բայց եկն եւ առաքեաց զեղբաւրորդին իւր, եւ ըստ յաջողելոյն Աստուծոյ գնաց եւ եբեր զՍղուր ծառայն յերկիրս:

XV

HET'UM'S TREATY WITH BAIBARS; LORD YAKOVB, CATHOLICOS OF THE ARMENIANS; THE RETURN OF LEWON FROM CAPTIVITY; THE JOY OF HET'UM, HIS ABDICATION FROM THE THRONE, HIS LIVING IN SOLITUDE AND HIS DEATH; AND THE DEATH OF DAWIT' KING OF THE GEORGIANS.

After this the king of the Armenians, seeking the advice of the princes, sent emissaries to the sultan of Egypt inquiring about his son Lewon, wondering what the sultan's will was and what he should give to buy back his son. Baibars, sultan of Egypt, though he was a *Tachik*, nonetheless had a good heart and humility. He kept the king's son, Lewon, very well with provisions and all sorts of goods. When he heard about the arrival of the ambassadors, he rejoiced and said: "We ought to send Lewon to his father and his kingdom. A dear comrade of mine is a prisoner with the T'at'ars. Get him back. If you request him from the T'at'ars they will not harm you. Bring [my friend] who is named Sghur and take Lewon." Hearing this from the ambassadors, the king of the Armenians forthwith amassed much treasure and precious goods and went east to Abaqa Khan. He told [Abaqa] all the complaints which the Egyptian had with him and his country. He also mentioned the sultan's requests concerning his servant Sghur, but he was unable to secure his release at the time. [Het'um] came back [to Cilicia] and then sent his brother's son [east], and with God's aid [the nephew] went and brought the captive Sghur to our country.

Իսկ ընդ աւուրսս ընդ այսոսիկ եկն սուլտանն Մսրայ ի վերայ Անտաք քաղաքին, եւ էառ զԱնտաք եւ քակեաց զնա ի հիման է, եւ յանխնայ կոտորեաց եւ գերեաց, որ ոչ պատմի զինչ արարին այլազգիքն ընդ հաւատացեալս Քրիստոսի: Եւ յորժամ առաքեաց թագաւորն առ սուլտանն թէ բերաւ զՍղուրն, յոյժ ուրախացեալ եւ բազում ընծայիւք առժամայն առաքեաց զԼեւոն. եւ սոքայ զՍղուրն յուղարկեցին բազում ընծայիւք: Իսկ ի գալն Պարոն Լեւոնի յոյժ ուրախութիւն եղեւ թագաւորին եւ իշխանաց աշխարհիս, նոյն եւ վանորէիցս եւ ամենայն քրիստոնէից, որ ընդ ամենայն երկիր:

Իսկ ի պակասելն մահուամբ մեծ հայրապետին Հայոց, զմի ամ առանց հայրապետի եկաց աշխարհս Հայոց, զի թագաւորն կայր ի տրտմութիւն վասն որդւոցն, եւ այլ ոչ ոք կարէր հոգալ առանց թագաւորին: Եւ ապա հարկեալ թագաւորն յիշխանացն եւ ի վարդապետացն եւ յեպիսկոպոսացն, որ ասացին անպատեհ լինել զերկիրս Հայոց առանց հաւրապետի եւ կաթուղիկոսի: Եւ թագաւորն հարկեալ արար ժողով մեծ եպիսկոպոսաց, քահանայից եւ վարդապետաց, եւ արար ընտրութիւն ի մէջ նոցայ, եւ եգիտ այր ըստ սրտի իւրոյ, յոյժ իմաստուն եւ առաքինի, հեզ եւ խոնարհ սրտիւ, եւ կատարեալ վարդապետ Յակոբ անուն: Եւ ապա մեծաւ հանդիսիւ աւրհնել երետ կաթո ղիկոս. եւ նստոյց յԱթոռ Սրբոյն Գրիգորի Լուսաւորչին: Որոյ պահեսցէ զնա Քրիստոս Աստուած սուրբս եւ անարատս անբիծ եւ ուղիղ հաւատով եւ ուղղափառ խոստովանութեամբ մինչեւ ի խորին ծերութիւնն, հովուել զնոր ժողովուրդքս զհաւատացեալքս Սրբոյ Երրորդութեանն:

Now during these days, the sultan of Egypt came against the city of Antioch, which he took and demolished its foundations, mercilessly destroying and enslaving to the point that it is impossible to relate what the foreigners did to the believers in Christ. Once the king sent [word] to the sultan that Sghur had been retrieved, [the sultan] rejoiced exceedingly and he retrieved Lewon immediately with numerous gifts. And [the Armenians] sent Sghur on his way with numerous gifts. Now when *Baron* Lewon arrived, there was immense joy for the king and the princes of the land, as well as for the monks and all Christians throughout the country.

With the death of the great patriarch of the Armenians, the land of the Armenians had been without a patriarch for one year for the king had been in despair over his sons, and no one else could concern himself [about the Catholicosate] without the king. But then, the king was pressed by the princes, *vardapet*s, and bishops who said that it was improper for the country of the Armenians to be without a patriarch and Catholicos. The king, so pressed, held a great assembly of bishops, priests, and *vardapet*s and made a selection from them. He found a man after his own heart, extremely wise and virtuous with a meek and mild disposition, a man named Yakob, a perfect *vardapet*. Then with great ceremony he had him consecrated Catholicos and seated him on the throne of Saint Gregory the Illuminator. May Christ God preserve him holy, pure, without blemish, with correct faith and orthodox confession until deep old age to shepherd the new congregation of those who believe in the Holy Trinity.

Իսկ յորժամ եկն պարոն Լեւոն ազատեալ ի ծառայութենէ, առժամայն ընդդէմ գնաց բարէպաշտ եւ աւրհնեալ թագաւորն Հեթում. եւ զամենայն թագաւորութեան իւրոյ զպարոնութիւն ետ ի ձեռս որդոյն պարոն Լեւոնի. եւ ինքն միայնաւորեալ սիրէր զվանք եւ զանապատ: Եւ յետ աւուրց ինչ յանկարծակի դիպեցաւ վէրք ինչ ի մարմին նորայ, եւ յոյժ նեղէր զնա. եւ էր նա ի պահս եւ յաղաւթս հանապազ. մինչ զի առնել երետ զինքն կրաւնաւոր եւ Մակար անուանեցաւ. եւ յետ սակաւ աւուրց փոխեցաւ ի Քրիստոս, սուրբ եւ քրիստոնասպասակ բարեպաշտ թագաւորն Հեթում. եւ թաղեցաւ մեծ պատուով ի սուրբ եւ ի հռչակաւոր մենաստանին, որ կոչի Դրազարկ: Որոյ Տէր Աստուած փառաւորեսցէ զհոգի նորայ ընդ սուրբ թագաւորացն եւ նոցին պսակացն, որք արժանի եղեն, ընդ նոսին փառաւք փառաւորեսցէ, եւ երկնային աւթեւանացն, ուր սրբոց կայանք են արժանացուսցէ զհոգի նորայ:

Իսկ զկնի մահուան բարեպաշտ թագաւորին Հայոց, մեռաւ եւ Վրաց թագաւորն Դաւիթ, որ եւ կարծեմ թէ ի միում ամսեան դիպեցաւ մահ նոցայ: Զի էին ի կենդանութեան իւրեանց յոյժ սիրելիք եւ գովելիք, ի տես եւ ի գեղեցկութիւն մարմնոյ. նոյն եւ առաջի երկնաւոր թագաւորին Քրիստոսի Աստուծոյ մերոյ լինիցին:

HISTORY OF THE NATION OF ARCHERS

When *Baron* Lewon arrived, freed from captivity, the pious and blessed King Het'um immediately went to meet him. [Het'um] gave into the hand of his son, *Baron* Lewon, the entire Barony of his kingdom. He himself retired to solitude, loving monasteries and retreats. After some days a wound suddenly appeared on his body and it bothered him greatly. He remained with his fasts and prayers and then became a monk, receiving the name Makar. After a few days, the blessed, Christ-crowned, pious King Het'um was translated to Christ. He was buried with great ceremony in the blessed and renowned monastery called Drazark. May the Lord God glorify his soul together with the blessed kings and crown him with the same crowns that they were worthy of and glorify him with the same glory and make him worthy of the heavenly mansions where the saints reside.

Following the death of the pious king of the Armenians, the king of the Georgians, Dawit', died. I think his death occurred in the same month. During their lifetimes both were greatly loved and praiseworthy in appearance and physical beauty. May they also be so before the heavenly king, Christ our God.

ԺԶ

Ամբաստանութիւն զթագուդարայ եւ աւերածք, կալանաւորի հրամանաւ Աբաղայ ղանին:

Յետ այսորիկ յեւաւթն Ղանի որդեացն, որ յառաջագոյն գրեցաք, զի զերեքն սպանին եւ երկուսն հնազանդեցան, զմէկն յԱղի Ծովն ի բանդի դրին: Իսկ մէկն ի հնազանդելոցն՝ Թագուդար անուն, յոյժ շատացաւ հեծելով եւ գանձով եւ ոսկով եւ ամենայն ընչիւք. զի երեք հարիւր ուղտ եւ հարիւր եւ յիսուն սայլ զգանձն եւ զմալն տանէին, թող զջոկս ձիոցն եւ զհաւտիցն, որոյ թիւ ոչ գոյր: Եւ էր թիւ հեծելոյ ն ԽՌ, անուանիք եւ յոյժ պատերազմողք եւ աներկեղք յամենայն տեղիս. զի զկարեւան երկրին կոտորէին աւազակութեամբ՝ պահելով ի գիշերի զճանապարհս, եւ զամենայն ինչսն առնուին զկարեւանին, որ գնային ի քաղաքէ ի քաղաք:

Նոյնպէս եւ զփոքր գեղաւրէսն ի գիշերի ծեծէին եւ զամենայն ինչսն եւ զչորքոտանիսն տանէին եւ զմարդիկն նետով անողորմ խոցէին: Նոյնպէս եւ երթային ի վաներն եւ զժամարար իրիցնին գլխիվայր կախէին, եւ աղ եւ ունջ խառնեալ ածէին ընդ քիթսն ժամարարացն, ասելով. բերէք գինի ծովին չափ, եւ միւս սարին չափ: Այլ եւ արարին ի բազում տեղիս. զի զշանն ագին բռնել տային աբեղացն բերանով ի վաներն, վասն գինի չունելոյ ողորմելեացն, զի այս էր երդումն նոցա. կա՛մ տալ գինի ընպելոյ եւ տանելոյ որչափ ուզէին, եւ կամ այսպէս ընբռնել զշանն ագին որպէս գրեցաք: Եւ այսպէս կային յալէկոծանք վաներն արեւելից յանասախ գլխաւորէն:

XVI

THE REBELLION AND DEVASTATIONS OF TEKUDER; HIS IMPRISONMENT BY THE ORDER OF ABAQA KHAN.

Earlier we wrote about the seven khan's sons, three of whom were killed, two submitted, and one they put in prison [on an island] in the Salt Sea [Lake Urmia]. One of [the sons] who submitted, named Tekuder, grew very strong in cavalry, gold treasures and all sorts of goods. Three hundred camels and one hundred and fifty wagons bore his treasure and belongings, not to mention his countless herds of horses and flocks. He also had forty thousand renowned and very warlike cavalry who were fearless everywhere. Holding the roads at night, they destroyed the caravans in the country through robbery. And they took all the goods from the caravans going from city to city.

Similarly, at night in the small villages they beat [the villagers], taking all the goods and quadrupeds, and mercilessly shot people with arrows. They also went to the monasteries and hanged the officiating priests upside down, pouring a mixture of salt and soot into their noses and saying: "Bring a sea of wine and a mountain of meat." They did this in many places. For they made the priests hold the tail of a dog in their mouths, in the monasteries, if the unfortunate ones did not have wine. They swore: "Either give us wine to drink and as much as we want to take along, or take the dog's tail," as we have written [in their mouths]. Thus were the eastern monasteries convulsed by the lawless chief.

Եւ զայս գիտացեալ իշխանացն Հայոց եւ Վրաց, գնացին միաբան առ Աբաղա Ղանն, եւ ընկեցին զուսերս իւրեանց առաջի Ղանին եւ ասացին. կա՛մ զԹագուդարն տալ ի ձեռս նոցայ իւր հեծելովն, կամ զիւրեանցն կոտորել առաջի իւր, եւ ոչ տեսանել զայնպիսի նախատինսն, որ առնէին առ եկեղեցիսն իւրեանց եւ առ եկեղեցականսն: Նոյնպէս եւ այլ Տաթար զաւրքն գանգատեցան ասել թէ՝ ի դուրս զմեզ այլ կու ծեծեն զաւրք Թագուդարին. եւ զմեր ձիանն առնուն: Նոյնպէս եւ Ղանն գանգատեցաւ առաջի Հայոց եւ Վրաց զաւրացն, այլ եւ իւր Տաթար գլխաւորացն եւ ասէ. Թագուդարն մեծացաւ եւ հարստացաւ, եւ զմեզ չէ ի մռել. եւ զմեր ասախն չէ ի յառնել. եւ կամի աւիրել զերկիրս իւր անասախ կալովն եւ իւր հեծելոյն:

Ապա հրամայ եաց Աբաղա Ղանն Սիրամունին, որ յառաջն գրեցաք այն որ Ոսկի Սիւն անուանեցաւ, առնուլ ՃՌ հեծելս Տաթար, եւ ետ զնշանն իւր Ղանն ի ձեռն Սիրամունին. նոյնպէս հրամայեաց Հայոց եւ Վրաց զաւրացն գնալ իւրեանց ամենայն ուժով ի վերայ Թագուդարին եւ յանխնայ կոտորել զնա, եւ առնուլ զամենայն ինչս նորայ, եւ զինքն զԹագուդարն կենդանի տանել առ ինքն: Եւ զայս լուեալ Հայոց եւ Վրաց զաւրացն՝ յոյժ ուրախացան վասն ազատելոյ. զերկիրն իւրեանց ի չարչարանաց Թադուգարին: Ապա կազմեցին զիւրեանց քաջապէս ի գործ պատերազմի: Նոյնպէս եւ Սիրամունն որդի Չաւրմաղանին, որ էր յոյժ սիրող քրիստոնէից, առեալ զնշան Ղանին ՃՌ

Learning about this, the princes of the Armenians and Georgians united and went to Abaqa Khan. They threw down their swords before the khan and said: "Either give Tekuder and his cavalry into our hands or kill us in front of you so we do not have to see such insults as they inflict on our churches and clergy." Similarly, other T'at'ar troops complained, saying: "Tekuder's troops beat us in our camps and take our horses." The khan himself complained in the presence of the Armenian and Georgian princes and his own T'at'ar chiefs: "Tekuder has grown mighty and rich, does not heed us, does not obey our law, and wants to wreck his country lawlessly with his troops."

Then Abaqa Khan ordered Siramun, about whom we wrote earlier, the man styled Gold Pillar to take one hundred thousand T'at'ar cavalry, and he gave Siramun the khan's own insignia. He also ordered the Armenian and Georgian troops to go against Tekuder with all their forces, to crush him mercilessly, take all of his belongings and bring him, Tekuder, alive to [the khan]. Hearing this, the Armenian and Georgian troops were delighted [at the prospects] of freeing their country from the torments of Tekuder. So they bravely organized themselves for war as did Chormaqan's son Siramun who was extremely philo-Christian. Taking the khan's insignia with 100,000

հեծելայք, եւ յանկարծակի հասին ի վերայ Թագուդարին եւ անխնայ կոտորեցին զհեծելս նորայ, եւ առին զամենայն զանձս նորա, եւ զինքն եւթն հարիւր մարդով եւ տարան առ Ղանն: Եւ Ղանն տեսեալ ծաղր արար զնա. ետ նմա կին մի, եւ դանակ մի՝ ծայրն կոտրած, եւ Ժ մարդ պահապան, եւ յուղարկեց զնա ի մէջ Աղի ծովուն, որ կայ ի Հեր եւ ի Զարաւանդ գաւառի: Եւ աստ կատարեցաւ բան մարգարէին, որ ասէ. «Մարդ ի պատուի էր եւ ոչ իմացաւ»:

troops, [Siramun] unexpectedly came against Tekuder, mercilessly destroyed his troops, took all his treasures, [captured Tekuder] himself with seven hundred men, and brought them to the khan. When the khan saw [Tekuder] he ridiculed him. He gave him a woman, a knife with the tip cut off and, with ten men as keepers, sent him off to [prison] in the middle of the Salt Sea, which is in the district of Her and Zarawand. Thus were the words of the prophet fulfilled: "A man was in honor, and understood it not."[23]

---

23 cf. Psalms 49:20.

ԺԷ

Յաջորդէ Լեւոն զհայր իւր հաճութեամբ Աբաղայ ղանի: Ընթացք Լեւոնի առ նենգաւորս յիշխանացն: Յայտնութիւն նշխարաց մեծին Ներսիսի: Վերջ:

Իսկ պարոն Լեւոն որդի Հայոց թագաւորին գնաց առաջի Աբաղայ Ղանին, եւ պատմեաց զմահ թագաւորին. եւ յոյժ սիրեալ եւ պատուեալ եղեւ ի Ղանէն. եւ առեալ հրաման վասն թագաւորելոյ իւր՝ տեղի հաւր իւրոյ: Ապա դարձաւ եւ եկն յերկիրն իւր. եւ արար ժողով մեծ իշխանաց, եպիսկոպոսաց, քահանայից, վարդապետաց, ի մեծ եւ ի հոյակապ եւ ի հռչակաւոր քաղաքն Տարսուս. կոչեաց եւ զմեծ եպիսկոպոսապետն Հայոց զՏէր Յակոբ: Եւ ապա հրամայեաց ժողովել ի մեծ եւ ի փառաւոր սուրբ եկեղեցին՝ ի սուրբ Սոփի. եւ առնել հսկումն եւ աղաւթք, եւ աւրհնել զինքն թագաւոր: Ուստի եւ կատարեցին իսկ կամաւք երկնաւոր թագաւորին Քրիստոսի. աւրհնեցին եւ աւծին եղովն սրբութեան զթագաւորորդին Լեւոն՝ թագաւոր ի վերայ ամենայն Հայոց. եւ եղեւ ցնծութիւն եւ ուրախութիւն մեծ ամենայն աշխարհիս Հայոց. եւ եղեւ նոր նորոգումն եւ նոր ուրախութիւն ազգին Ռուբինեաց:

Ի թւականին Հայոց Չ եւ Ի փոխեցան ի Քրիստոս. փառաւոր վարդապետքն Հայոց Վարդան եւ Կիրակոս, որոյ սուրբ աղաւթք նոցա ի վերայ մեր եւ ամենայն աշխարհի:

XVII

LEWON SUCCEEDS HIS FATHER WITH THE APPROVAL OF ABAQA KHAN. LEWON'S COURSE WITH THE TREACHEROUS PRINCES. REVELATION OF THE REMAINS OF NERSE'S THE GREAT. END.

Baron Lewon, son of the king of the Armenians, went before Abaqa Khan and told him about the king's death. [Lewon] was greatly liked and honored by the khan; and so, receiving an order concerning ruling in his father's place, he turned around and came back to his own country. Then he held an assembly of the great princes, bishops, priests, and *vardapet*s in the great, charming, and renowned city of Tarsus. He also summoned the great patriarch of the Armenians, Lord Yakob. He commanded that they gather in the great, glorious, and blessed church of St. Sophia, conduct vigils and prayers and bless him as king. This is what they did, by the will of the heavenly king, Christ. They blessed and anointed with holy oil Lewon, the king's son, as king of all the Armenians. There was rejoicing and great happiness throughout all the lands of the Armenians and renewal and new happiness among the R'ubineans.[24]

In 720 of the Armenian Era [A.D. 1271], [two] *vardapet*s of the Armenians, Vardan and Kirakos[25] were translated to Christ. May their holy prayers be upon us and all the land.

---

24 *R'ubineans:* Rubenids.
25 Vardan Arewelts'i and Kirakos Gandzakets'i.

Իսկ ինքն արքայածին արքայն Լեւոն, էր յոյժ խորայիմայ եւ խելաւք մանկութենէ իւրմէ. եւ ճանաչէր զամենայն բարեկամս եւ զչարակամս իւր, բայց ոչ հանէր ի լոյս, այլ կայր լռեալ՝ մինչ կամէր ծնանել այն որ յղացեալն էր զաւաւք: Վասն զի ի յիշխանաց թագաւորութեան իւրոյ կային ոմանք, որ Հոռում էին ազգաւ, եւ լցեալ էին մեծութեան զանձու եւ ամենայն ստացուածովք: Եւ յետ երից ամաց թագաւորութեան նորայ խորհեցան չար ի վերայ թագաւորին. եւ կամեցան զՀայոց թագաւորութիւնն ջնջել, եւ ինքեանք թագաւորել՝ պեղծ եւ ուրացող ազգն Հոռոմոց, սուտ քրիստոնեէ այքն եւ ստոյգ քաղկեդոնիկքն: Զի եղեալ էին ի մտի քակել զվանորայսքս, եւ զհաւանեալսն ի յաղա նդս նոցա պահել եւ զոչ հաւանեալսն բառնալ ի կենաց: Եւ զի ոչ միայն ինքեանք էին, որ առնէին զայս, այլ եւ խաբեալ էին ի վարդապետաց եւ ի քահանայից Հայոց եւ յիշխանաց ոմանց երկմտաց, կալ ի մի դաւանութիւն, եւ միաբան նենգել Հայոց: Այլ խնամք արարչին Աստուծոյ ոչ արար անտես զաղաւթս ծառայից իւրոց, այլ պահեաց զարքայածին արքայն Հայոց զԼեւոն իւր ամէն թագաւորութեամբն հաստատուն եւ անփորձ ի չարեացն, զոր խորհեալ էին. եւ ինքեանք որ զչարսն էին խորհել՝ անկան ի գուբն, զոր փորեալ էին: Զի քրիստոսապսակ թագաւորն Լեւոն, իւրով իմաստութեամբն ըմբռնեաց ի չարախորհուրդ մարդկացն, եւ եգիտ գրեալ գիր զանուանս միաբանելոց ի չար խորհուրդն յայն, զո՛ր Հայ եւ զոր Հոռոմ, եւ առաքեաց զմիամիտսպասաւորսն իւր՝ ըմբռնեաց զնոսա. զոմն՝ եսպան, զոմն՝ եդ ի բանտի անզերծանելի, զոմն՝ տարաւ առ Աբաղայ Ղանն յարեւելք եւ անդ յասախն հասուցին. եւ զայլ ամէն թշնամիսն ետուն ի ձեռն նորայ եւ հրամայեցին՝ թէպէտ պահել, թէպէտ սպանանել:

The royal born King Lewon[26] himself, was extremely perceptive and intelligent from his childhood on. He recognized all his friends and those ill-disposed toward himself but did not reveal it. Rather he kept silent until he chose to bring forth what he had conceived in pain. For among the princes of his kingdom were some of Roman [Greek] nationality who were full of greatness, treasures, and all sorts of belongings. After three years of his rule, they plotted evil against the kingdom. And they wished to rub out the kingship of the Armenians and rule themselves, the filthy apostate nation of the Greeks, false Christians, and true Chalcedonians. For they had in mind to pull down the monasteries and to preserve those accepting their heresy and to kill those who did not. Nor were they alone in these doings, since they had tricked *vardapet*s and priests of the Armenians and some wavering princes to enter the treachery and to oppress the Armenians together. But the providence of God the Creator did not ignore the prayers of his servants; rather, he preserved Lewon, king of the Armenians, born of a king, together with his entire kingdom, steadfast and untouched by the evils they had plotted. Those who had plotted evil fell into the pit they themselves had dug. For the Christ-crowned King Lewon through his wisdom seized some of the evil-minded people and found a written document with the names of those united in the wicked plot, both Armenian and Greek. Sending forth his own trusted attendants, he apprehended them. Some he killed, some he put into prison from which there was no escape, some he took to the east, to Abaqa Khan where the *yasaq* was implemented [on them]. And they gave all the other enemies into his hands and he ordered some kept and some killed.

---

26 *Lewon:* Leo III, 1270-1289.

Եւ այսպէս զաւրացեալ եւ յաղթաւղ գտեալ ի վերայ թշնամեաց իւրոց թագաւորն Հայոց Լեւոն, աւգնութեամբ երկնաւոր թագաւորին Քրիստոսի: Որոյ եւ աղաւթիւք ամենայն սրբոց, Քրիստոս Աստուած յաղթող պահեսցէ զթագաւորութիւնն Լեւոնի, Հայոց թագաւորին, բարի զաւակաւք իւրաւք, ի վերայ ամենայն թշնամեաց իւրոց, եւ զկեանս նորայ տացէ եկեղեցոյ իւրում, Քրիստոս Աստուած, ընդ երկայն ժամանակս:

Ընդ այս աւուրքս յայտնեցաւ պատուական եւ Սուրբ նշխարք մեծին Ներսիսի Հայրապետին Հայոց յիւրեանց հանգստարանին. որոյ սուրբ աղաւթիւք նորայ տացէ Քրիստոս Աստուած խաղաղութիւն ամենայն աշխարհի. եւ նմա փառք յաւիտեանս. ամէն:

Կատարեցաւ պատմութիւն Տաթարիս գործելոց ԽԴ ամաց. բայց համառաւտ եւ ոչ ամէնն:

Thus Lewon, king of the Armenians, grew stronger and triumphed over his enemies with the aid of Christ, the heavenly king. Through the prayers of all the saints may Christ God keep the kingship of Lewon, king of the Armenians with his goodly sons victorious over all his enemies. May Christ God grant him a long life for his Church.

In these days the venerable and blessed relics of Nerses the Great, patriarch of the Armenians, were discovered in their own resting place. Through his holy prayers may Christ God grant peace to the entire land. Glory to Him, forever. Amen.

The history of forty-four years of the T'at'ars' activities is completed; but it is brief, and not all.

APPENDIX

APPENDIX

RULERS OF MONGOL EMPIRES

HOUSE OF CHINGIZ

[The Great Khans and the Yuan Dynasty of China]

Chingiz-Khan, 1206-1227
Ogedei, 1229-1241
Guyuk, 1246-1248
Mongke, 1251-1258
Qubilai, 1260-1294
Temur, 1294-1307
Qaishan, 1307-1311
Buyantu, 1311-1320
Gegen, 1320-1323
Yesun-Temur, 1323-1328
Toq-Temur, 1328-1329
Qutuqtu, 1329-1332
Irinchinbal, 1332
Toghan-Temur, 1332-1370

HOUSE OF HULEGU

[The Il-Khans of Iran]

Hulegu, 1256-1265
Abaqa, 1265-1281
Teguder, 1281-1284
Arghun, 1284-1291
Geikhatu, 1291-1295
Baidu, 1295
Ghazan, 1295-1304
Oljeitu, 1304-1316
Abu Sa'id, 1316-1335

APPENDIX

RULERS OF MONGOL EMPIRES

HOUSE OF JOCHI

[The Khans of the Golden Horde, 1237-1357]

Batu, 1237-1256
Sartaq, 1256-1257
Ulaghichi, 1257
Berke, 1257-1266
Mongke-Temur, 1267-1280
Tode-Mongke, 1280-1287
Tole-Buqa, 1287-1291
Toqta, 1291-1312
Oz-Beg, 1313-1341
Tini-Beg, 1341-1342
Jani-Beg, 1342-1357

HOUSE OF CHAGHATAI

[The Chaghatai Khanate, 1227-1338]

Chaghatai, 1227-1242
Qara-Hulegu, 1242-1246
Yesu-Mongke, 1246-1251
Orghina, 1251-1260
Alughu, 1260-1265/66
Mubarak-Shah, 1266
Baraq, 1266-1271
Negubei, 1271
Toqa-Temur, 1272
Du'a, 1282-1307
Konchek, 1308
Taliqu, 1308-1309
Esen-Buqa, 1310-1318
Kebek, 1318-1326
Elchigidei, 1326
Du'a Temur, 1326
Tarmashirin, 1326-1334
Buzan, 1334
Chingshi, 1334-1338

INDEX

Abaqa Khan, 85; 101; 105; 111; 113; 117; 121.
Aghuans, 13; 17; 21; 25-27; 43.
Al-Musta'sim, 61-63.
Aleppo, 81.
Antioch, 107.
Atabeg, 13; 15; 49.

Baghdad, 61; 67; 87.
Baibars, 85-89; 93; 105.
Baiju, 31; 37; 41-43; 69.
Baron, 37-39; 45; 85; 89-95; 107-109; 117.
Biblical references,
  Genesis,
    26:4, 3.
  Psalms,
    49:20.
  Proverbs,
    29:16, 87.
  Jeremiah,
    51:7, 11.
  Matthew,
    25:21, 87.

Caesarea, 35; 41.
Comet, 21; 83.
Caucasian Albanians (see Aghuans).
Chormaqan (Ch'awrman), 17; 23-25; 43-45; 113.

Christian(s), 21; 27; 37-39; 45; 49; 53-57; 71-73; 83; 89-91; 99-103; 107; 113; 119.
Church, 27-31; 45; 71-73; 81; 87-91; 97; 113; 117; 121.

Damascus, 81; 87.
Doquz Khatun, 71; 73.
Duman, 53; 67.
Drazark, 109.

Egypt, 87-93; 99-107.
Egyptians, 81; 101; 105.
Erznka (Erzincan), 33-35.

Gandzak, 17; 25.
Genghis Khan, 9-13; 23-25; 37; 67.
George IV (Lasha); 15.
Georgians, 13-17; 21; 25; 27; 31-33; 41-49; 61; 69-71; 75-77; 105; 109; 113.
Ghiyath al-Din, 33.
Ghp'chur, 23.
Güyük Khan, 37; 71.

Her (district), 69; 115.
Hetum I, 37-39; 45-47; 51-53; 71; 85; 91-97; 103-105; 109.
Hulagu Khan, 45; 53; 61; 63; 67-85.

INDEX

Iranians, 13.

Jerusalem, 81.
Jewish, 57-59.

Karin, 31-33.
Khatun, 25; 37; 43-45; 71; 83.
Kitbuqa, 81.
K'on (Konya), 35.
Kurultai, 23-25; 69.

Levon [(Leo) III (1270-1289)], 85; 89-101; 105-109; 117-121.

Mal, 19; 23; 35; 47.
Martyropolis, 61; 65.
Mayyafariqin, 63.
Medicine, 17; 29.
Möngke Khan, 53; 67-71; 75; 79.
Msis, 95.
Noyan, 25; 31; 41-43.

Oskr, 25.

Paiza, 37.

Saladin, 81.
Scythians, 5; 7.
Sebastia (Sewast), 35.
Sghamish, 37.

Shahna, 35.
Siasat, 41.
Sis, 91.
Smbat (sparapet), 37-39.
Sparapet, 37-39.
St. Sophia, 117.

Tachik, 63; 67; 73-75; 81; 87; 101-105.
Taghar, 19; 23; 35; 47.
Tarsus, 117.
Tavush, 19.
Taxes, 19; 23; 27; 35-37; 47; 51; 73-75.
Tekuder, 111-115.
Tiflis (Tp'xis), 43; 47.
Turkestan, 9.
Turks, 89-91.
Tzghu, 23; 55.

Urmia (Lake), 69; 111.

Vanakan vardapet, 19; 29; 45.

Xalan, 37; 47.

Yasaq, 11; 23; 67-71; 121.

Zaravand (district), 69; 115.

www.sophenearmenianlibrary.com

SOPHENE

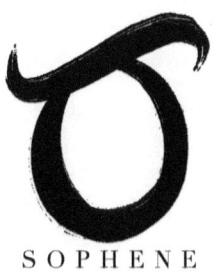

www.ingramcontent.com/pod-product-compliance
Lightning Source LLC
Chambersburg PA
CBHW021439080526
44588CB00009B/604